【漢】孔安國 傳 【唐】陸德明 音義

武英殿仿相臺岳氏本五經

尚書

上海古籍出版社

據上海圖書館藏乾隆四十八年武英殿刻本影印原書版匡高二十點一厘米寬十三點八厘米

出版説明

張學謙

一、宋廖氏世綵堂九經

廖瑩中世綵堂九經刻於南宋理宗景定（一二六〇—一二六四）至度宗咸淳（一二六五—一二七四）年間，凡《周易》《尚書》《毛詩》《周禮》《禮記》《左傳》《論語》《孝經》《孟子》九種〔一〕，均爲經注附釋文本。周密《志雅堂雜鈔·書史》記其事云：

> 廖群玉諸書，則始於《開景福華編》……其後開九經，凡用十餘本對定，各委本經人點對，又圈句讀，極其精妙，皆以撫州單抄清江紙、造油烟墨印造，其裝飾至以泥金爲籤，然或者惜其删略經注爲可惜耳。〔二〕

廖氏九經乃據多種版本，經專人校勘、句讀而成，刻印精美、裝飾豪華。每卷末以篆文或八分字體刻「世綵廖氏刻梓家塾」木記，作長方、橢圓、亞字等形〔三〕，與今存世綵堂刻本《昌黎先生集》《河東先生集》相同，蓋爲廖氏刻書定式。至於「删略經注」的説法則不準確，廖氏删略者並非經注文字，而是陸德明《經典釋文》（詳後）。

廖刻《昌黎先生集》《河東先生集》書前均有《凡例》，述編校體例。九經亦附《九經總例》，詳辨諸本互異之處，分爲《書本》《字畫》《注文》《音釋》《句讀》《脱簡》《考異》，凡七則。〔四〕《九經總例》原書雖亦不存，但其内容保存在元人岳浚《相臺書塾刊正九經三傳沿革例》中，屬於鄭樵所説的「書有名亡實不亡」者。廖刻原無《公羊傳》《穀梁傳》及《春秋年表》《春秋名號歸一圖》，故《總例》未及。岳氏既增刻四書，又於《沿革例》卷末著明補刻原委，不與《總例》原文相亂。〔五〕

據《九經總例》所述，可概括出廖本九經的幾個特點：

（一）廣羅衆本，精於校勘。《九經總例·書本》列所用版本二十三種，「專屬本經名士，反覆參訂，始命良工入梓」。《注文》《脱簡》《考異》三則中列有例證。

（二）經注均加句讀。自五代監本以來，官刻經書均無句讀。建本始仿館閣校書之式，添加圈點，但也僅及經文。廖本以前，僅有蜀中字本及興國于氏本經文、注文皆加句讀。廖本又在二本基礎上加以修正，足資參考。

（三）節録音釋，隨音圈發。單經注本不附音釋，《釋文》自爲一書，讀者難於檢尋。建本、蜀中本將《釋文》散附注文之下，甚便翻閲，但又失於龐雜繁瑣。故廖本僅節録《釋文》難字音切（部分改爲直音），釋義、異文等多不取，極爲簡明。《大學》《中庸》《論語》《孟子》併附朱熹「文公音」（據《四書章句集注》）。對於多音字，在此字四角相應處加圈，以示平、上、去、入之别。

二、元盱郡重刊廖氏九經及相臺岳氏九經三傳

廖瑩中依附宋末權相賈似道。德祐元年（一二七五），賈氏事敗，廖瑩中仰藥

死，書板很快散落不存，元初已成罕見之本，今日則無一存者。幸而元代出現兩種翻刻本〔六〕，尚可藉以窺見廖本面貌。

一是盱郡刻本。現存《論語》《孟子》二種，毛氏汲古閣舊藏，後入内府，今藏臺北「故宫博物院」。有民國二十一年（一九三二）《天禄琳琅叢書》影印本及一九八五年臺北故宫博物院影印本。八行十八字，注文雙行小字同，細黑口，四周雙邊，有書耳。版心上有寫工名，下有刻工名。卷末木記刻「盱郡重刊廖氏善本」或「盱江重刊廖氏善本」，形狀亦仿廖本作長方、橢圓、亞字、鐘形等式。當時應是重刊廖氏九經及《總例》，時間在元英宗至治二年（一三二二）之前。〔七〕

另一種則是更爲著名的相臺岳氏刻本。此「相臺岳氏」，前人皆以爲南宋岳珂，經張政烺考證，始知乃元代荆谿（今江蘇宜興）岳浚。刊刻時間在大德（一二九七—一三〇七）末年，卷末木記刻「相臺岳氏刻梓荆谿家塾」。岳氏除翻刻廖本九經外，又增刻《公羊傳》《穀梁傳》，凡十一經，稱爲「九經三傳」，另附《春秋年表》《春秋名號歸一圖》。改《九經總例》之名爲《相臺書塾刊正九經三傳沿革例》，内容仍存其舊，僅於卷前增改小引，卷末增《公羊穀梁傳》《春秋年表》《春秋名號歸一圖》三則。岳本與盱郡本的行款、版式完全一致，字體風格、木記樣式近似，文字、句讀及圈發幾乎全同，可見兩者均能忠實反映廖本原貌。〔八〕

岳本九經三傳，現存者僅有《周易》（中國國家圖書館藏，《四庫》底本）、《周禮》（臺北「故宫博物院」藏，殘本）、《左傳》（國圖藏，卷十九、二十配他本；日本静嘉堂文庫藏，殘本）、《論語》（國圖藏）、《孝經》（國圖藏）、《孟子》（國圖藏）六經。〔九〕明代有翻刻岳本者，所刻經數不明，僅見《周禮》《左傳》《孝經》三種，且非一家所刻。《四部叢刊初編》影印明翻岳本《周禮》，行款、版式、字體均極似原本，版心刻工亦照刻，惟無木記爲異。但校勘欠精，注文、音釋多形似之誤。〔一〇〕明翻本《孝經》爲白口，四周雙邊，卷末有「湯仁甫刻字」一行。〔一一〕明翻本《左傳》爲白魚尾，版心刻「左傳卷×」，與原本不同，最易識別。

三、清乾隆武英殿仿刻相臺岳氏五經

相臺岳氏九經三傳中，乾隆内府舊藏有《周易》《尚書》《毛詩》《禮記》《左傳》《論語》《孝經》《孟子》八種。其中《左傳》見於《天禄琳琅書目》（前編）卷一，入藏較早，原與「天禄琳琅」各書一併庋藏於乾清宮昭仁殿。其後復得《周易》《尚書》《毛詩》《禮記》四經，乃於乾隆四十八年（一七八三）「撤出昭仁殿之《春秋》，以還岳氏五經之舊，仍即殿之後廡，所謂慎儉德室者，分其一楹，名之曰『五經萃室』，都置一几。是舊者固不出昭仁殿，而新者亦弗闌入舊書中」。〔一二〕嘉慶二年（一七九七）十月，乾清宮大火，昭仁殿之天禄琳琅藏書及後廡「五經萃室」之岳本五經皆被焚毀。〔一三〕幸而乾隆四十八年高宗曾下旨仿刻五經，今日尚得窺其面貌。《論語》《孝經》《孟子》則見於《天禄琳琅書目後編》卷三，乃嘉慶三年重建昭仁殿「天禄琳琅」後續入之「天禄繼鑑」書。此三經現均藏於中國國家圖書館，其中《論語》《孝經》已有《中華再造善本》影印本。

據乾隆武英殿仿岳本五經所摹藏印及《天禄琳琅書目後編》所載《論語》《孝經》《孟子》三書藏印，可考得内府八經的遞藏情況如下：

《周易》《尚書》《毛詩》《論語》《孟子》：李國壽→晉府→陳定→季振宜→徐乾學→内府。

《孝經》：李國壽→晉府→陳定→唐良士→季振宜→徐乾學→内府。

《禮記》：李國壽→晉府→内府。

《左傳》：項篤壽→季振宜→内府。

除《左傳》外，内府七經最初均爲李國壽所藏。李國壽生於元初，元代中期主要活動於江浙一帶，很可能與岳浚有交往，故岳本行世不久即爲其所得。〔一四〕

乾隆四十八年正月，高宗於昭仁殿後廡建「五經萃室」以貯岳本五經，並作《五經萃室記》以紀其事。又於正月内下旨，令永瑢等「選員仿寫刊刻，並令校訂群經，別爲考證，附刊各卷之末」。至本年十一月，武英殿仿刻五經完竣，裝潢呈覽。〔一五〕其刊刻步驟是：先選派四庫館繕簽處的費振勳、羅錦森、王錫奎、王鵬、金應璸、胡鈺、吴鼎颺、孫衡、虞衡寶九人據岳本原本摹寫，再交武英殿上版刊刻。武英殿翻岳本各卷末均於版框外下方刻一長條狀書耳，内刻「内閣中書臣費振勳敬書」「進士臣王鵬敬書」「舉人臣金應璸敬書」等字樣。《周易》書前刻《五經萃室記》，各經前刻高宗爲各經所題詩。〔一六〕翻刻本將原本所鈐包括天禄琳琅諸印在内的歷代藏印一併摹刻，行款、版式、點畫一仍原本之舊。惟原本版心所標書名、卷數極爲簡略，如《周易》作「易×」，《左傳》作「秋×」（亦有作「某（公）第×」者），殿本統改作「周易×」「春秋×」，並於版心上方刻「乾隆四十八年武英殿仿宋本」。

高宗下旨時即令「校訂群經，別爲考證」，但岳本考證實際成於翻刻完成之後。

以《左傳》爲例，卷一考證：「十年，翬帥師會齊人、鄭人伐宋。註：明翬專行，非鄭之謀也。○『鄭之謀』當作『鄧之謀』……原本『鄭』字乃『鄧』字之譌，依殿本改正。」卷五考證：「十四年，沙鹿崩。註：平陽元城縣東有沙鹿土山。○案《晉書·地理志》元城屬陽平郡……原本及諸本訛作『平陽』，今依殿本改正。」卷五考證：「獲晉侯以厚歸也。註：君將晉侯入。○案此乃秦伯自言，不當用『君』字，蓋係『若』字之訛，據殿本改。」卷七考證：「晉侯在外十九年矣。註：晉侯生十七年而亡，亡十九年而反，凡二十六年。○案，十七年、十九年合之得三十六，『二』字乃『三』字之訛，依殿本改。」〔一七〕相應正文均有明顯的挖改痕跡。檢《中華再造善本》影印岳本《左傳》，此四處均與未挖改前文字相同。

岳本考證參校之本有北監本、汲古閣本（考證或稱「閣本」）、武英殿本、永懷堂本等，且多參用毛居正《六經正誤》之説。岳本《左傳》書前所附《春秋年表》《春秋名號歸一圖》則校以通志堂本，並參考《欽定春秋傳説彙纂》。各條考證出文均爲岳本原文，凡經考證岳本有誤者，翻刻本均改字（即《五經萃室聯句序》所謂「較岳刻而掃葉無譌」），且多有考證未明言改字而正文已改者。阮元校《十三經注疏》，岳本五經用武英殿翻刻本，即有因此而誤以翻刻改字爲岳本原文者。如岳本《周易·歸妹》彖注「嫁而係姊」，考證「諸本作係娣」云云，未明言改字，而武英殿翻岳本實作「係娣」。阮校云：「嫁而係娣，岳本、閩、監、毛本同。」誤信翻岳本。因此，使用武英殿翻岳本，需注意核查考證出文。

道光以降，又出現多種殿本的翻刻本，如貴陽書局、廣州書局、成都書局、福建書局、琉璃廠、江南書局等，然或未刻璽印，或刊印不精，不及乾隆殿本遠甚。

總之，宋廖瑩中世綵堂刻本九經校勘細緻、刻印精美，經注均加句讀，又附圈發及簡明音釋，是一套上佳的經書讀本，可惜今已無傳本存世。元代有兩種翻刻本：盱郡刻本僅存《論語》《孟子》二經。相臺岳氏增刻爲九經三傳，今存《周易》《周禮》（殘本）《左傳》《論語》《孝經》《孟子》六經，《尚書》《毛詩》《禮記》三經僅賴乾隆翻刻本以存概貌。

上海古籍出版社今將上海圖書館藏清乾隆武英殿仿元相臺岳氏五經影印出版，以供研究者參考。底本書衣右下方有紅色戳記「丙辰年查過」，書中夾有愚齋圖書館藏書卡片（《四家詞鈔》），首頁鈐有「子文藏書」朱印。因知此書原爲盛宣懷愚齋圖書館舊藏，後歸宋子文，再歸上圖。一九一六年愚齋圖書館爲籌備開館而清點全部藏書，「丙辰年查過」戳記即此時加蓋。一九三三年以後，愚齋圖書館藏書分別捐贈聖約翰大學（後歸華東師範大學）、交通大學（後歸合肥師範學院、安徽師範大學）和山西銘賢學校（後歸山西農學院、山西農業大學）〔一八〕。聖約翰大學獲贈盛氏藏書乃經宋子文中介〔一九〕，故宋氏亦有所得。

〔一〕張政烺《讀〈相臺書塾刊正九經三傳沿革例〉》，《張政烺文集·文史叢考》，北京：中華書局，二〇一二年，第三三四頁。

〔二〕［宋］周密《癸辛雜識·後集》「賈廖刊書」條亦記其事而文字略遜：「廖群玉諸書，則始《開景福華編》……九經本最佳，凡以數十種比校，百餘人校正而後成，以撫州萆抄紙、油烟墨印造，其裝褫至以泥金爲籤，然或者惜其删落諸經注爲可惜耳。」闕「又圈句讀」一句。又「萆抄」乃「單抄」形近之誤，元孔齊《静齋至正直記》卷二「白鹿紙」條云：「臨江亦造紙，似舊宋之單抄清江紙。」所謂「單抄」指抄紙時僅抄一次，幾種《癸辛雜識》點校本均未校正，故附識於此。

〔三〕［清］于敏中等撰，徐德明標點《天禄琳琅書目》卷一《宋版經部·春秋經傳集解》，上海：上海古籍出版社，二〇〇七年，第七—八頁。此本毁於清嘉慶二年乾清宫大火。

〔四〕［明］張萱等《内閣藏書目録》卷二《經部·九經總例》，民國《適園叢書》本，第一b頁。按：此目著録者應爲元盱郡翻刻本，然可反映廖本面貌。

〔五〕張政烺《讀〈相臺書塾刊正九經三傳沿革例〉》，第三一八頁。

〔六〕中國國家圖書館又藏一部元刻本《周禮》殘卷，版式、行款、句讀、圈發等均與岳本相同，字體亦近似，但非同一刻本。卷三末有鐘形木記，但未刻字，刻工與盱郡本亦無重合，或是另一種元代翻刻廖氏本。參見張麗娟《宋代經書注疏刊刻研究》，北京：北京大學出版社，二〇一三年，第一七三頁注。

〔七〕張政烺《讀〈相臺書塾刊正九經三傳沿革例〉》，第三一六—三一七頁。

〔八〕張麗娟《宋代經書注疏刊刻研究》，第一七三—一七四頁。

〔九〕《孝經》無木記，故張政烺懷疑並非岳本。然從刻工及諸經藏印的一致性看，《孝經》確是岳本。之所以無木記，或與卷末空間不足有關。此外，民國間《舊京書影》收録大連圖書館藏《周禮》零葉，爲内閣大庫舊書。史語所清理内閣大庫殘餘檔案，得《禮記》三葉、《周禮》四葉。以上零葉雖無木記可證，是元刻岳本可能性也較大。詳參張學謙《「岳本」補考》，《中國典籍與文化》二〇一五年第三期。

〔一〇〕王重民《中國善本書提要》，上海：上海古籍出版社，一九八三年，第一六頁。

〔一一〕傅增湘《藏園群書經眼録》卷一，北京：中華書局，二〇〇九年，第七六頁。

〔一二〕［清］高宗《五經萃室記》，《御製文二集》卷一四，《景印文淵閣四庫全書》本，臺北：商務印書館，一九八六年。按：文集有注，但未署時間。武英殿翻岳本書前亦附此記，無注，末署「癸卯新正月上澣御筆」。

〔一三〕劉薔《天禄琳琅研究》第一章《清宮「天禄琳琅」藏書始末》，北京：北京大學出版社，二〇一二年，第二八—三五頁。

〔一四〕詳參張學謙《「岳本」補考》。

〔一五〕《多羅儀郡王永璇等奏繕簽處費振勳等請旨分别議敘折》，中國第一歷史檔案館編《纂修四庫全書檔案》，上海：上海古籍出版社，一九九七年，第一八六七頁。

〔一六〕五詩末均署「癸卯新正月御筆」。題詩亦見《御製詩四集》（《景印文淵閣四庫全書》本）卷九四《題五經萃室岳珂宋版五經（有序）》，諸詩並有小注。

〔一七〕岳本考證所據「殿本」指乾隆四年至十二年武英殿刻《十三經注疏》。

〔一八〕周子美《愚齋藏書簡介》，《圖書館雜志》一九八三年第三期。吴平《盛宣懷與愚齋圖書館》，黄秀文主編《傳承·服務·創新——華東師範大學圖書館學術文存》，北京：北京圖書館出版社，二〇〇七年，第三〇一—三〇三頁。

〔一九〕鄭麥《盛宣懷與愚齋圖書館》，《華東師範大學學報》（哲學社會科學版）第三十四卷第四期（二〇〇二年七月）。

目録

題宋版書經

五經無不帝王師切己端
惟謨典詞自幼服膺篤老
矣曰言熟口愧行之徒成

今日還明日空作念茲仍
在茲岳氏相臺書復合文
昌呵護信稱奇

癸卯新正月御筆

古稀天子之寶

猶日孜孜

序

伏犧氏之王天下也一號庖羲氏三皇之最先。風姓。以木德王。即大皞也。王于況反始畫八卦卦俱賣反造書契契苦計反。書者字。契者。刻木而書其側。鄭玄以書書木邊言其事。刻其木以代結繩之

由是文籍生焉。伏犧神農黃帝之書神農炎帝也。姜姓。以火德王。黃帝。軒轅也。姬姓。少典之子。以土德王。史記云。姓公孫。名軒轅。一號有熊氏謂之三墳墳扶云反。大也言大道也。少昊顓頊高

辛唐虞之書少詩照反昊胡老反。少昊金天氏。名摯。字青陽。一曰玄囂。已姓。

黃帝之子。以金德王。顓音專。頊許玉反。顓頊高陽氏。姬姓。黃帝之孫。昌意之子。以水德王。高辛。帝嚳也。姬姓。嚳口毒反。以木德王。唐帝堯也。姓伊耆氏。堯初爲唐侯。後爲天子。都陶。故號陶唐氏。帝嚳之子。帝摯之弟。以火德王。虞。帝舜也。姓姚氏。國號虞。顓頊六世孫。瞽瞍之子。以土德王。**謂之五典。言常道也。至于夏商周之書。**夏。禹天下號也。以金德王。三王之最先。商。湯天下號也。亦號殷。以水德王。周。文王武王有天下號也。以木德王。**雖設教不倫。雅誥奧義。**誥古報反。告也。示也。奧烏報反。深也。**其歸一揆。**揆葵癸反。度也。**是故歷代寶之。以爲大訓。八卦之說。謂之八索。**索所白反。下同。求也。**求**

其義也。九州之志，謂之九丘。丘，聚也。言九州所有，土地所生，風氣所宜，皆聚此書也。春秋左氏傳曰：楚左史倚相（左史，史官在左。○倚，於綺反。相，息亮反。倚相，楚靈王時史官）能讀三墳、五典、八索、九丘。即謂上世帝王遺書也。先君孔子，生於周末，覩史籍之煩文，懼覽者之不一，遂乃定禮樂，明舊章，刪詩爲三百篇（刪，色姦反），約史記而脩春秋，讚易道以黜八索（黜，丑律反），述職方以除九丘，討論墳典。斷自唐虞以下。斷丁亂反訖于周。訖居乙反。又許乙反芟夷煩亂。芟色咸反翦截浮辭。翦咨淺反舉其宏綱。撮其機要。撮七活反機本作幾足以垂世立教。典。謨。訓。誥。誓。命之文。凡百篇。所以恢弘至道。恢苦回反。大也示人主以軌範也。帝王之制。坦然明白。可舉而行。三千之徒。並受其義。及秦始皇滅先代典籍。焚書坑儒。焚詩書在始皇之三十四年。坑儒在三十五年天下學士。逃難解散。難乃旦反解音蟹我先人。用藏其家書于屋壁。漢室龍興。開設學校。旁求儒雅。以闡大猷（闡尺善反）濟南伏生（濟子禮反。濟南郡名也。伏生名勝）年過九十。失其本經。口以傳授。裁二十餘篇。以其上古之書。謂之尚書。百篇之義。世莫得聞。至魯共王（共音恭。漢景帝之子。名餘）好治宮室（好呼報反。下好古同）壞孔子舊宅（壞音怪）以廣其居。於壁中得先人所藏古文虞夏商周之書。及傳論語孝經（傳謂春秋也。一云。周易十翼。非經。謂之傳。論如字。又音倫）皆科斗文字（科斗。蟲名。蝦蟇子書形似之王又升孔子堂聞金石絲竹之音乃不壞宅悉以書還孔氏科斗書廢已久時人無能知者以所聞伏生之書考論文義定其可知者爲隸古定隸音麗謂用隸書寫古文更以竹簡寫之增多伏生二十五篇謂虞書大禹謨夏書五子之歌胤征商書仲虺之誥湯誥伊訓太甲三篇咸有一德說命三篇周書泰誓三篇武成旅獒微子之命蔡仲之命周官君陳畢命君牙冏命伏生又以舜典合於堯典益稷合於皋陶謨盤庚三篇合爲一康王之

誥合於顧命（合舊音閤又如字下同陶音遙）復出此篇并序（復扶又反）凡五十九篇（即今所行五十八篇其一是百篇之序）爲四十六卷其餘錯亂摩滅（謂虞書汩作九共九篇槀飫夏書帝告釐沃湯征汝鳩汝方商書夏社疑至臣扈典寶明居肆命徂后沃丁咸乂四篇伊陟原命仲丁河亶甲祖乙高宗之訓周書分器旅巢命歸禾嘉禾成王政將蒲姑賄肅慎之命亳姑凡四十二篇亡）弗可復知悉上送官（上時掌反）藏之書府以待能者承詔爲五十九篇作傳（爲于僞反）於是遂研精覃思（覃徒南反深也思息嗣反）博考經籍採摭羣

言（摭之石反）以立訓傳。約文申義。敷暢厥旨（暢丑亮反）庶幾有補於將來。書序。序所以爲作者之意（爲于僞反又如字）。昭然義見（見賢遍反）宜相附近。故引之各冠其篇首（冠工亂反）定五十八篇。既畢。會國有巫蠱事（漢武帝末。征和中。江充造蠱。敗戾太子。蠱音古）經籍道息。用不復以聞。傳之子孫。以貽後代。若好古博雅君子。與我同志。亦所不隱也

尚書卷第一

堯典第一

虞書　孔氏傳

昔在帝堯聰明文思光宅天下言聖德之遠著。○翼善傳聖曰堯。思，息嗣反。又如字。下同。將遜于位讓于虞舜遜，遁也。老使攝遂禪之。○禪，時戰反。作堯典堯典言堯可爲百代常行之道。曰若稽古帝堯若，順。稽，考也。能順考古道而行之者帝堯。曰放勳欽明文思安安勳，功。欽，敬也。言堯放上世之功化而以敬明文思之四德。安天下之當安

乾隆四十八年　書一　一

者。○放，方往反。注同。馬云：威儀表備謂之欽。照臨四方謂之明。經緯天地謂之文。道德純備謂之思。

允恭克讓，光被四表，格于上下。允，信。克，能。光，充。格，至也。既有四德，又信恭能讓，故其名聞充溢四外，至于天地。○被，皮寄反。聞，音問，本亦作問。溢，音逸。

克明俊德，以親九族。能明俊德之士任用之，以睦高祖玄孫之親。

九族既睦，平章百姓。既，已也。百姓，百官。言化九族而平和章明。

百姓昭明，協和萬邦，黎民於變時雍。昭亦明也。協，合。黎，衆。時，是。雍，和也。言天下衆民皆變化化上，是以風俗大和。

乃命羲和，欽若昊天，厤象日月星辰，敬授人時。重黎之後。

羲氏。和氏。世掌天地四時之官。故堯命之使敬順昊天。昊天。言元氣廣大。星。四方中星。辰。日月所會。曆象其分節。敬記天時以授人也。此舉其目。下別序之。○(昊)胡老反(重)直龍反

分命羲仲。宅嵎夷。曰暘谷宅。居也。東表之地稱嵎夷。暘。明也。日出於谷而天下明。故稱暘谷。暘谷嵎夷一也。羲仲居治東方之官。○(嵎)音隅(暘)音陽

寅賓出日。平秩東作寅。敬。賓。導。秩。序也。歲起於東而始就耕謂之東作。東方之官。敬導出日。平均次序東作之事。以務農也。○(寅)徐以眞反。又音夷。下同(出)尺遂反。又如字。注同

日中星鳥。以殷仲春日中。謂春分之日。鳥。南方朱鳥七宿。殷。正也。春分之昏。鳥星畢見。以正仲春之氣節。轉以推季孟則可知。○(中)貞仲反。又

如字。宿音秀。下同。見賢遍反。下同。**厥民析。鳥獸孳尾**冬寒無事。並入室處。春事既起。丁壯就功。厥。其也。言其民老壯分析。乳化曰孳。交接曰尾。○析星歷反。孳音字。乳儒付反。**申命羲叔宅南交**申。重也。南交言夏與春交。舉一隅以見之。此居治南方之官。○重直用反。**平秩南訛。敬致**訛。化也。掌夏之官。平序南方化育之事。敬行其教以致其功。四時同之。亦舉一隅。○訛五禾反。**日永星火。以正仲夏**永。長也。謂夏至之日。火。蒼龍之中星。舉中則七星見可知。以正仲夏之氣節。季孟亦可知。**厥民因。鳥獸希革**因謂老弱因就在田之丁壯以助農也。夏時鳥獸毛羽希少改易。革。改也。**分命和仲。宅西。曰昧**

谷昧。冥也。日入於谷而天下冥。故曰昧谷。昧谷曰西。則嵎夷東可知。此居治西方之官掌秋天之政。○昧武內反。冥莫定反**寅餞納日平秩西成**餞送也。日出言導。日入言送。因事之宜。秋。西方。萬物成。平序其政。助成物也。○餞賤衍反。馬云。滅也**宵中星虛以殷仲秋**宵夜也。春言日。秋言夜。互相備。虛玄武之中星。亦言七星皆以秋分日見以正三秋。**厥民夷鳥獸毛毨**夷平也。老壯在田與夏平也。毨理也。毛更生整理。○毨先典反。說文云。仲秋鳥獸毛盛。可選取以爲器用也。**申命和叔宅朔方曰幽都平在朔易**北稱朔亦稱方。言一方則三方見矣。北稱幽。則南稱明從可知也。都謂所聚也。易謂歲改易於北方。

平均在察其政。以順天常。上揔言羲和敬順昊天。此分別仲叔各有所掌。（別）彼列反。下同

日短星昴。以正仲冬。日短。冬至之日。昴。白虎之中星。亦以七星竝見。以正冬之三節。**厥民隩。鳥獸氄毛。**隩。室也。民改歲入此室處以辟風寒。鳥獸皆生耎毳細毛以自温焉。（隩）於六反。馬云。煖也。（氄）如勇反。（辟）音避。（耎）如兖反。（毳）尺銳反

帝曰。咨汝羲暨和。朞三百有六旬有六日。以閏月定四時成歲。咨。嗟。暨。與也。匝四時曰朞。一歲十二月。月三十日。正三百六十日。除小月六爲六日。是爲一歲有餘十二日。未盈三歲。足得一月。則置閏焉。以定四時之氣節。成一歲之曆象。（暨）其器反。（朞）居其反。下同。（旬）似遵反。（匝）子合

反

允釐百工。庶績咸熙。允，信。釐，治。工，官。績，功。咸，皆。熙，廣也。言定四時，成歲曆，以告時授事，則能信治百官，眾功皆廣，歎其善。○釐，力之反。熙，許其反。

帝曰。疇咨若時登庸。疇，誰。庸，用也。誰能咸熙庶績，順是事者，將登用之。○疇，直由反。

放齊曰。胤子朱啟明。帝曰。吁。嚚訟可乎。放齊，臣名。胤，國。子，爵。朱，名。啟，開也。吁，疑怪之辭。言不忠信爲嚚，又好爭訟，可乎，言不可。○放，方往反。胤，引信反。馬云：嗣也。吁，況于反。徐往付反，一音于。嚚，魚巾反。訟，才用反。馬本作庸。好，呼報反。下注同。爭，鬭也。

帝曰。疇咨若予采。采，事也。復求誰能順我事者。○予，音餘，又羊汝反。采，七在反。馬云：官也。復，扶又反。

驩兜曰。都。共

工方鳩僝功驩兜臣名。都。於。歎美之辭。共工。官稱。鳩。聚。僝。見也。歎共工能方聚見其功○驩呼端反兜丁侯反共音恭注同僝仕簡反徐音撰馬云具也於音烏稱尺證反帝曰吁靜言庸違象恭滔天靜。謀。滔。漫也。言共工自爲謀言。起用行事而違背之。貌象恭敬。而心傲很若漫天。言不可用。○滔吐刀反漫末旦反。下同。又末寒反背音佩傲五報反。下同很恨懇反帝曰咨四岳四岳即上羲和之四子。分掌四岳之諸侯。故稱焉湯湯洪水方割湯湯流貌。洪。大。割。害也。言大水方方爲害。○湯音傷洪戶工反蕩蕩懷山襄陵浩浩滔天蕩蕩。言水奔突有所滌除。懷。包。襄。上也。包山上陵。浩浩盛大若漫天。○浩

胡老反 時掌反 上 **下民其咨。有能俾乂。** 俾。使。乂。治也。言民咨嗟憂愁。病水困苦。故問四岳。有能治者將使之。○俾必爾反 **僉曰。於鯀哉。** 僉皆也。鯀。崇伯之名。朝臣舉之。○僉七廉反又七劒反 於音烏 鯀故本反 朝直遥反 **帝曰。吁咈哉。方命圮族。** 凡言吁者。皆非帝意。咈。戾。圮。毀。族。類也。言鯀性很戾。好此方名。命而行事。輒毀敗善類。○咈扶弗反。忿戾也。方如字。馬云。方。放也。徐云。鄭王音放。圮皮美反 戾力計反 **岳曰。异哉。試可乃已。** 异。已也。已。退也。言餘人盡已。惟鯀可試。無成乃退。○异徐云。鄭音異。孔王音怡 **帝曰。往欽哉。** 勑鯀往治水。命使敬其事。堯知其性很戾圮族。未明其所能。而據衆言可試。故遂用之 **九**

乾隆四十八年

載績用弗成載。年也。三考九年。功用不成。則放退之。帝曰咨四岳朕在位七十載堯年十六。以唐侯升為天子。在位七十年。則時年八十六。老將求代。○朕直錦反。馬云。我也。汝能庸命巽朕位巽。順也。言四岳能用帝命。故欲使順行帝位之事。○巽音遜。馬云。讓也。岳曰否德忝帝位否。不。忝。辱也。辭不堪。○否方久反。不也。又音鄙。忝音他簟反。曰明明揚側陋堯知子不肖。有禪位之志。故明舉明人在側陋者。廣求賢也。○肖音笑。說文云。肖。骨肉相似也。不似其先。故曰不肖。師錫帝曰有鰥在下曰虞舜師。衆。錫。與也。無妻曰鰥。虞氏。舜名。在下民之中。衆臣知舜聖賢。恥己不若。故不舉。乃不獲已而言之。錫星歷反。鰥故頑反。馬云。舜。諡也。舜死後賢臣録之。臣子爲諱故變名曰諡。帝曰。俞。予聞。如何。俞。然也。然其所舉言我亦聞之。其德行如何。俞羊朱反。行下孟反。下其行同。岳曰。瞽子。父頑。母嚚。象傲。無目曰瞽。舜父有目不能分別好惡。故時人謂之瞽。配字曰瞍。瞍無目之稱。心不則德義之經爲頑。口不道忠信之言爲嚚。象舜弟之字。傲慢不友。言竝惡。瞽音古。傲五報反。瞍音叟。克諧以孝。烝烝乂。不格姦。諧和。烝進也。言能以至孝和諧頑嚚昏傲。使進進以善自治。不至於姦惡。諧戶皆反。烝之丞反。姦古顔反。帝曰。我其試哉。言欲試舜。觀其行迹。女于時。觀厥刑于二女。

女。妻。刑。法也。堯於是以二女妻舜。觀其法度接二女。以治家觀治國。○（女）于。去聲（妻）千計反

釐降二女于嬀汭嬪于虞 降。下。嬪。婦也。舜爲匹夫。能以義理下帝女之心。於所居嬀水之汭。使行婦道於虞氏。○（嬀）居危反（汭）如銳反。水之內也。杜預注左傳云。水之隈曲曰汭（嬪）毗人反

帝曰欽哉 歎舜能修已行敬以安人。則其所能者大矣

舜典第二　虞書　孔氏傳

虞舜側微 爲庶人。故微賤 堯聞之聰明。將使嗣位。歷試諸難 嗣。繼也。試以治民之難事。○（難）乃丹反 作舜典 典之

義與堯同曰若稽古帝舜亦言其順考古道而行之曰重華協
于帝華。謂文德。言其光文重合於堯。俱聖明濬哲文明溫恭允
塞濬。深。哲。智也。舜有深智文明溫恭之德。信充塞上下玄德升聞乃命
以位玄謂幽潛。潛行道德。升聞天朝。遂見徵用慎徽五典五典克
從徽。美也。五典。五常之教。父義。母慈。兄友。弟恭。子孝。舜慎美篤行斯道。舉八元使布之
於四方。五教能從。無違命。○徽許韋反納于百揆百揆時敘揆。度
也。度百事。摠百官。納舜於此官。舜舉八凱。使揆度百事。百事時敘。無廢事業。○揆葵癸反
賓于四門四門穆穆穆穆。美也。四門。四方之門。舜流四凶族。四方諸

侯來朝者。舜賓迎之皆有美德。無凶人。朝直遥反**納于大麓。烈風雷**

雨弗迷。麓。録也。納舜使大録萬機之政。陰陽和。風雨時。各以其節。不有迷錯愆伏。

明舜之德合於天。麓音鹿。馬鄭云。山足也**帝曰。格汝舜。詢事考**

言乃言厎可績。三載。汝陟帝位。格。來。詢。謀。乃汝。厎。致。陟。升

也。堯呼舜曰。來。汝所謀事。我考汝言。汝言致可以立功。三年矣。三載考績。故命使升帝位。

將禪之。詢音荀。厎之履反**舜讓于德弗嗣。**辭讓於德不堪。不能嗣成

帝位**正月上日。受終于文祖。**上日。朔日也。終。謂堯終帝位之事。文

祖者。堯文德之祖廟。正音政。又音征。文祖王云。廟名。馬云。文祖。天也。天爲文。萬物之祖

在璿璣玉衡。以齊七政。在。察也。璿。美玉。璣衡。王者正天文之器可運轉者。七政。日。月。五星。各異政。舜察天文。齊七政。以審已當天心與否。○璿音旋。肆類于上帝。堯不聽舜讓。使之攝位。舜察天文。考齊七政而當天心。故行其事。肆。遂也。類。謂攝位事類。遂以攝告天及五帝。○馬云。上帝。太一神。在紫微宮。天之最尊者。禋于六宗。精意以享謂之禋。宗。尊也。所尊祭者。其祀有六。謂四時也。寒暑也。日也。月也。星也。水旱也。祭亦以攝告。○禋音因。王云。絜祀也。六宗。馬云。天地四時也。望于山川。徧于羣神。九州名山大川。五岳四瀆之屬。皆一時望祭之。羣神謂丘陵墳衍。古之聖賢。皆祭之。○墳扶云反。衍以淺反。輯五瑞。既月乃

乾隆四十八年

日覲四岳羣牧。班瑞于羣后。輯。斂。既。盡。覲。見。班。還。后。君也。舜斂公侯伯子男之瑞圭璧。盡以正月中。乃日日見四岳。及九州牧監。還五瑞於諸侯與之正始。○輯音集瑞垂僞反。信也。歲二月。東巡守至于岱宗。柴諸侯爲天子守土。故稱守。巡行之。既班瑞之明月。乃順春東巡。岱宗泰山。爲四岳所宗。燔柴祭天告至。○巡似遵反。徐養純反。守詩救反。本或作狩。岱音代。下同。柴士皆反。爾雅祭天曰燔柴。馬云。祭時積柴加牲其上而燔之。行下孟反。燔扶袁反。又扶云反。望秩于山川。東岳諸侯竟內名山大川。如其秩次望祭之。謂五岳牲禮視三公。四瀆視諸侯。其餘視伯子男。肆覲東后。遂見東方之國君。協時月正日。

同律度量衡合四時之氣節月之大小日之甲乙使齊一也律法制及尺丈斛斗斤兩皆均同。○律六律也鄭云陰呂陽律也（度）如字（量）力尚反（衡）稱也修五禮五玉修吉凶賓軍嘉之禮五等諸侯執其玉三帛二生一死贄三帛諸侯世子執纁公之孤執玄附庸之君執黃二生卿執羔大夫執鴈一死士執雉玉帛生死所以爲贄以見之○（贄）音至本又作摯（纁）許云反如五器卒乃復卒終復還也器謂圭璧如五器禮終則還之三帛生死則否○（復）扶又反下同（還）音旋五月南巡守至于南岳如岱禮南岳衡山自東岳南巡五月至八月西巡守至于西岳如初西岳華山初謂岱宗

○華戶化反

十有一月朔巡守。至于北岳。如西禮。北岳恒山。○有如字，徐于救反歸格于藝祖。用特。巡守四岳。然後歸告至文祖之廟。藝文也。言祖則考著。特一牛。○藝魚世反五載一巡守。羣后四朝。各會朝于方岳之下。凡四處故曰四朝。將說敷奏之事。故申言之。堯舜同道。舜攝則然。堯又可知。○朝直遙反。注同敷奏以言。明試以功。車服以庸。敷陳奏進也。諸侯四朝。各使陳進治理之言。明試其言以要其功。功成則賜車服以表顯其能用。○敷音孚肇十有二州。肇始也。禹治水之後。舜分冀州爲幽州并州。分青州爲營州。始置十二州。○肇音兆。十有二州。謂冀兖青徐荊揚豫梁雍并幽營也封十有二山濬川封大也每州之名山殊大者以爲其州之鎮有流川則深之使通利○濬荀俊反象以典刑象法也法用常刑用不越法流宥五刑宥寛也以流放之法寛五刑○宥音又鞭作官刑以鞭爲治官事之刑扑作教刑扑楚也不勤道業則撻之○扑普卜反榎皆雅反金作贖刑金黃金誤而入刑出金以贖罪○贖石欲反徐音樹眚災肆赦怙終賊刑眚過災害肆緩賊殺也過而有害當緩赦之怙姦自終當刑殺之○眚所景反怙音戶欽哉欽哉惟刑之恤哉舜陳典刑之義勑天下使敬之憂欲得中○恤峻律反憂也流共工于幽洲

象恭滔天。足以惑世。故流放之。幽洲。北裔。水中可居者曰洲。○共音恭。即窮奇也。裔以制反

放驩兜于崇山黨於共工罪惡同。崇山。南裔。○驩呼端反。兜丁侯反即渾敦也。

竄三苗于三危三苗。國名。縉雲氏之後。爲諸侯。號饕餮。三危。西裔。○竄七亂反。縉音晉

殛鯀于羽山方命圮族。績用不成。殛竄放流。皆誅也。異其文。述作之體。羽山。東裔。在海中。○殛紀力反。鯀故本反。即檮杌也

四罪而天下咸服皆服舜用刑當其罪。故作者先敘典刑。而連引四罪。明皆徵用所行。於此摠見之

二十有八載。帝乃殂落殂落。死也。堯年十六即位。七十載求禪。試舜三載。自正月上日。至崩二十八載。堯凡壽百一十七歲。○殂才枯反

百姓如喪考妣考妣。父母。言百官感德思慕。○喪如字。又息浪反三載四海遏密八音遏。絶。密。靜也。八音。金石絲竹匏土革木。四夷絶音三年。則華夏可知。言盛德恩化所及者遠。○遏安葛反。或音謁。匏白交反月正元日舜格于文祖月正。正月。元日。上日也。舜服堯喪三年畢。將即政。故復至文祖廟告。○復扶又反詢于四岳闢四門詢。謀也。謀政治於四岳。開闢四方之門未開者。廣致衆賢。○闢婢亦反明四目達四聰廣視聽於四方。使天下無壅塞。咨十有二牧曰食哉惟時咨亦謀也。所重在於民食。惟當敬授民時。柔遠能邇惇德允元柔。安。邇。近。敦。厚也。元。

善之長。言當安遠。乃能安近。厚行德。信使足長善。○惇音敦。長丁丈反。下同。而難任人。蠻夷率服。任。佞。難。拒也。佞人斥遠之。則忠信昭於四夷。皆相率而來服。○難乃旦反。任音壬。又而鴆反。舜曰。咨四岳。有能奮庸熙帝之載。奮。起。庸。功。載。事也。訪羣臣有能起發其功。廣堯之事者。言舜曰以別堯。○奮弗運反。使宅百揆。亮采惠疇。亮。信。惠。順也。求其人使居百揆之官。信立其功。順其事者。誰乎。僉曰。伯禹作司空。四岳同辭而對。禹代鯀爲崇伯。入爲天子司空。治洪水有成功。言可用之。帝曰。俞。咨禹。汝平水土。惟時懋哉。然其所舉。稱禹前功以命之。懋。勉也。惟居是百揆。勉行之。○俞以朱反懋音茂禹拜稽首讓于稷契暨皋陶居稷官者棄也。契。皋陶。二臣名。稽首。首至地稽音啓契息列反陶音遥帝曰俞汝往哉○然其所推之賢。不許其讓。勑使往宅百揆帝曰棄黎民阻飢汝后稷播時百穀阻。難。播。布也。衆人之難在於飢。汝后稷布種是百穀以濟之。美其前功以勉之。○阻莊呂反播波左反帝曰契百姓不親五品不遜五品謂五常。遜。順也。汝作司徒敬敷五教在寬布五常之教務在寬。所以得人心。亦美其前功帝曰皋陶蠻夷猾夏寇賊姦宄猾。亂也。夏。華夏。羣行攻劫曰寇。殺人曰賊。在外曰姦。在内曰宄。言無教之

致。猾戶八反寇苦豆反宄音軌**汝作士。五刑有服。**士理官也。五刑
墨、劓、剕、宮、大辟。服，從也。言得輕重之中正。劓魚器反，截鼻也。剕扶味反，刖足也。辟婢亦
反，死刑也。**五服三就。**既從五刑，謂服罪也。行刑當就三處，大罪於原野，大夫於
朝，士於市。處昌慮反。朝直遙反。**五流有宅，五宅三居。**謂不忍加
刑，則流放之，若四凶者。五刑之流，各有所居。五居之差，有三等之居：大罪四裔，次九州之
外，次千里之外。**惟明克允。**言皋陶能明信五刑，施之遠近，蠻夷猾夏，使咸信服。
無敢犯者。因禹讓三臣，故歷述之。**帝曰：疇若予工？僉曰：垂哉。**
問誰能順我百工事者。朝臣舉垂。垂，臣名。垂平去二音。**帝曰：俞，咨垂，汝**

共工共。謂供其職事。〇共音恭垂拜稽首。讓于殳斨。暨伯與殳斨。伯與。二臣名。〇殳音殊斨七良反與音餘帝曰。俞。往哉。汝諧汝能諧和此官帝曰。疇若予上下草木鳥獸。僉曰。益哉上謂山。下謂澤。順謂施其政教。取之有時。用之有節。言伯益能之。〇益。皐陶子也帝曰。俞。咨益。汝作朕虞虞。掌山澤之官益拜稽首。讓于朱虎熊羆。帝曰。俞。往哉。汝諧朱虎。熊羆。二臣名。垂益所讓四人。皆在元凱之中。〇羆彼皮反帝曰。咨四岳。有能典朕三禮。僉曰。伯夷三禮。天地人之禮。伯夷。臣名。姜姓帝曰。俞。咨伯。

汝作秩宗秩序宗尊也主郊廟之官夙夜惟寅直哉惟清夙早也言早夜敬思其職典禮施政教使正直而清明○寅如字徐音夷伯拜稽首讓于夔龍夔龍二臣名○夔求龜反帝曰俞往欽哉然其賢不許讓帝曰夔命汝典樂教胄子胄長也謂元子已下至卿大夫子弟以歌詩蹈之舞之教長國子中和祇庸孝友○胄直又反直而溫寬而栗教之正直而溫和寬弘而能莊栗剛而無虐簡而無傲剛失入虐簡失入傲教之以防其失詩言志歌永言謂詩言志以導之歌詠其義以長其言○永徐音詠又如字聲依永律和聲聲謂五聲宮商

角徵羽。律謂六律六呂。十二月之音氣。言當依聲律以和樂八音克諧。無相奪倫。神人以和倫。理也。八音能諧。理不錯奪。則神人咸和。命夔使勉之夔曰。於予擊石拊石。百獸率舞石。磬也。磬音之清者。拊亦擊也。舉清者和。則其餘皆從矣。樂感百獸。使相率而舞。則神人和可知。○拊如字。或音烏而絕句者非。拊音撫帝曰。龍。朕堲讒說殄行。震驚朕師。堲。疾。殄。絕。震。動也。言我疾讒說絕君子之行。而動驚我衆。欲遏絕之。○堲在力反。讒士咸反。說如字。徐失鋭反殄徒典反。行下孟反。注同命汝作納言。夙夜出納朕命。惟允納言。喉舌之官。聽下言納於上。受上言宣於下。必以信帝曰。咨汝二十有二人。禹。垂。益。伯夷。夔。龍。六人。新命有職。四岳。十二牧。凡二十二人。特勑命之。欽哉。惟時亮天功。各敬其職。惟是乃能信立天下之功。三載考績。三考黜陟幽明。三年有成。故以考功。九歲則能否幽明有別。黜退其幽者。升進其明者。○黜丑律反庶績咸熙。分北三苗。考績法明。衆功皆廣。三苗幽闇。君臣善否。分北流之。不令相從。善惡明。○北如字。又音佩。舜生三十徵庸。言其始見試用。三十在位。歷試二年。攝位二十八年。五十載陟方乃死。方。道也。舜即位五十年。升道南方巡守。死於蒼梧之野而葬焉。三十徵庸。三十在位。服喪三年。其一在三十之數。爲天子五十年。凡壽百一十二歲。**帝釐下土方，設居方。**言舜理四方諸侯，各設其官，居其方。○釐，力之反。**別生分類。**生，姓也。別其姓族，分其類，使相從。○別，彼列反。分，方云反，徐扶問反。**作汨作。**汨，治。作，興也。言其治民之功興，故爲汨作之篇。亡。○汨，音骨。**九共九篇。槀飫。**槀，勞。飫，賜也。凡十一篇皆亡。○共，音恭。王巳勇反。槀，苦報反。飫，於庶反。槀飫，亦書篇名也。汨作等十一篇同此序，其文皆亡。

尚書卷第一

舜典

相臺岳氏刻梓荆谿家塾

內閣中書臣費振勳敬書

尚書卷一考證

堯典黎民於變時雍傳皆變化化上○化上 武英殿注疏本及汲古閣本並作從上唯永懷堂本作化上與此同

宅南交○蔡沈集傳引陳氏曰南交下當有曰明都三字即孔疏云幽之與明文恒相對北既稱幽南當稱明是也至劉敞以地氣爲說斷爲脫去兩字欲改作宅南曰交趾則失之鑿矣

以閏月定四時成歲傳足得一月○足字 殿本與此同汲古閣及永懷堂本作是字誤

舜典在璿璣玉衡以齊七政傳王者正天文之器○王者閣本監本作玉者係傳寫之訛　殿本亦作王

肆類于上帝釋文馬云上帝太一神在紫微宫天之最尊者○案馬云以下十六字係陸德明音義中文故原本以小圈隔之閣本坊本俱混入孔傳非

剛而無虐簡而無傲傳剛失入虐簡失入傲○案正義云剛强之失入于苛虐簡易之失入于傲慢謂過于剛簡則入虐傲知原本兩入字最得解若如諸本作失之則似剛簡即虐傲矣于義未洽

九共九篇○案宋劉敞曰虞書九共應作九丘古文丘

作丕與共相似故誤傳以爲共耳

尚書卷第二

大禹謨第三　虞書　孔氏傳

皋陶矢厥謨，矢。陳也。○皋音高。陶音遥。禹成厥功，陳其成功。帝舜申之，申。重也。重美二子之言。○重直用反。下同。作大禹、皋陶謨、大禹謀九功。皋陶謀九德。益稷。凡三篇。

大禹謨。禹稱大。大其功。謨。謀也。

曰。若稽古大禹，順考古道而言之。曰。文命敷于四海。祗承于帝。言其外布文德教命。内則敬承堯舜。○文命。孔云。文德教命也。先儒云。文命。禹名。曰。后克艱厥后。臣克艱厥臣。政乃乂。

黎民敏德敏。疾也。能知爲君難。爲臣不易。則其政治。而衆民皆疾修德。○易以豉反

帝曰。俞。允若茲。嘉言罔攸伏。野無遺賢。萬邦咸寧。攸。所也。善言無所伏。言必用。如此則賢才在位。天下安。○俞羊朱反。攸音由

稽于衆。舍己從人。不虐無告。不廢困窮。惟帝時克帝。謂堯也。舜因嘉言無所伏。遂稱堯德以成其義。考衆從人。矜孤愍窮。凡人所輕。聖人所重。○舍音捨。告音谷。矜居陵反

益曰。都。帝德廣運。乃聖乃神。乃武乃文益因舜言又美堯也。廣謂所覆者大。運謂所及者遠。聖無所不通。神妙無方。文經天地。武定禍亂

皇天眷命。奄有四海。

爲天下君。眷，視。奄，同也。言堯有此德，故爲天所命。所以勉舜也。○眷，俱倦反。奄，於檢反。

禹曰：惠迪吉，從逆凶，惟影響。迪，道也。順道吉，從逆凶。吉凶之報，若影之隨形，響之應聲。言不虛。○迪，徒礫反。響，許丈反。

益曰：吁！戒哉！儆戒無虞，罔失法度。先吁後戒，欲使聽者精其言。虞，度也。無億度，謂無形。戒於無形，備慎深。秉法守度，言有常。○吁，況俱反。度，徒布反，注守度同。虞度，下徒洛反。後億度同。

罔遊于逸，罔淫于樂。淫，過也。遊逸過樂，敗德之原。富貴所忽，故特以爲戒。○樂，音洛。

任賢勿貳，去邪勿疑。疑謀勿成，百志惟熙。一意任賢，果於去邪，疑則勿行，道義所存於心，日以廣矣。

○去起呂反煕火其反罔違道以干百姓之譽干。求也。失道求名。古人賤之。罔咈百姓以從己之欲咈。戾也。專欲難成。犯衆興禍。故戒之。○咈扶弗反戾連第反無怠無荒四夷來王言天子常戒慎。無怠惰荒廢。則四夷歸往之。○怠音待惰徒臥反禹曰。於。帝念哉。德惟善政。政在養民歎而言念。重其言。爲政以德。則民懷之。○於音烏水。火。金。木。土。穀。惟修言養民之本。在先修六府。正德利用厚生惟和正德以率下。利用以阜財。厚生以養民。三者和。所謂善政九功惟敘。九敘惟歌言六府三事之功有次敘。皆可歌樂。乃德政之致。○

樂音洛戒之用休，董之用威，勸之以九歌，俾勿壞。休，美。董，督也。言善政之道，美以戒之，威以督之，歌以勸之，使政勿壞，在此三者而已。○俾必爾反 壞乎怪反帝曰：俞。地平天成，六府三事允治，萬世永賴，時乃功。水土治曰平，五行敘曰成，因禹陳九功而歎美之，言是汝之功，明衆臣不及。○治直吏反帝曰：格汝禹。朕宅帝位三十有三載，耄期倦于勤，汝惟不怠，揔朕師。八十九十曰耄，百年曰期頤。言已年老，厭倦萬幾，汝不懈怠於位，稱揔我衆，欲使攝禹曰：朕德罔克，民不依。皋陶邁種德，德乃降，黎民懷之邁。行。種。布。降。下。懷。歸也。言己無德。民所不能依。皐陶布行其德。下洽於民。民歸服之。〇種章用反降江巷反帝念哉念兹在兹釋兹在兹兹。此。釋。廢也。念此人。在此功。廢此人。在此罪。言不可誣名言兹在兹。允出兹在兹惟帝念功名言此事。必在此義。信出此心。亦在此義。言皐陶之德。以義爲主。所宜念之帝曰皐陶惟兹臣庶罔或干予正或。有也。無有干我正。言順命汝作士明于五刑以弼五教期于予治弼。輔。期。當也。歎其能以刑輔教。當於治體。〇治直吏反。注下同當丁浪反刑期于無刑民協于中時乃功懋哉雖或行刑。以殺止殺。終無犯者。刑期於無所刑。民皆合於大中之道。是汝之功。勉之○懋音茂皋陶曰。帝德罔愆。臨下以簡。御衆以寬。愆。過也。善則歸君。人臣之義。○愆起虔反罰弗及嗣。賞延于世。嗣亦世。俱謂子。延。及也。父子罪不相及而及其賞。道德之政宥過無大。刑故無小。過誤所犯。雖大必有。不忌故犯。雖小必刑。○宥音又罪疑惟輕。功疑惟重。刑疑附輕。賞疑從重。忠厚之至與其殺不辜。寧失不經。好生之德。洽于民心。茲用不犯于有司。辜。罪。經。常。司。主也。皋陶因帝勉己。遂稱帝之德。所以明民不犯上也。寧失不常之罪。不枉不辜

乾隆四十八年 書二

之善。仁愛之道。辜音孤好呼報反帝曰。俾予從欲以治。四方風動。惟乃之休使我從心所欲而政以治。民動順上命。若草應風。是汝能明刑之美帝曰。來禹。降水儆予。成允成功。惟汝賢水性流下。故曰下水。儆。戒也。能成聲教之信。成治水之功。言禹最賢。重美之。儆居領反克勤于邦。克儉于家。不自滿假。惟汝賢滿。謂盈實。假。大也。言禹惡衣薄食。卑其宮室。而盡力爲民。執心謙沖。不自盈大。假工雅反盡津忍反爲于僞反汝惟不矜。天下莫與汝爭能。汝惟不伐。天下莫與汝爭功自賢曰矜。自功曰伐。言禹推善讓人而不失其能。不有其勞而不失其功。所以能絕衆人予懋乃德。嘉乃丕績。天之曆數在汝躬。汝終陟元后。丕。大也。曆數。謂天道。元。大也。大君。天子。舜善禹有治水之大功。言天道在汝身。汝終當升爲天子。○丕普悲反人心惟危。道心惟微。惟精惟一。允執厥中。危則難安。微則難明。故戒以精一。信執其中無稽之言勿聽。弗詢之謀勿庸。無考。無信驗。不詢。專獨。終必無成。故戒勿聽用。○聽天定反可愛非君。可畏非民。衆非元后何戴。后非衆罔與守邦。民以君爲命。故可愛。君失道。民叛之。故可畏。言衆戴君以自存。君恃衆以守國。相須而立。

欽哉愼乃有位。敬修其可願。四海困窮。天祿永終。有位。天子位。可願。謂道德之美。困窮。謂天民之無告者。言爲天子勤此三者。則天之祿籍長終汝身。惟口出好興戎。朕言不再。好。謂賞善。戎。謂伐惡。言口榮辱之主。慮而宣之。成於一也。○出如字。徐尺遂反。好如字。徐許到反禹曰。枚卜功臣。惟吉之從。枚。謂歷卜之。而從其吉。此禹讓之志。○枚音梅帝曰。禹。官占。惟先蔽志。昆命于元龜。帝王立卜占之官。故曰官占。蔽。斷。昆。後也。官占之法。先斷人志。後命於元龜。言志定然後卜。○蔽必世反朕志先定。詢謀僉同。鬼神其依。龜筮協從。

卜不習吉習。因也。言已謀之於心。謀及卜筮。四者合從。卜不因吉。無所枚卜。○僉七潛反禹拜稽首固辭再辭曰固帝曰毋惟汝諧言毋。所以禁其辭。禹有大功德。故能諧和元后之任正月朔旦受命于神宗受舜終事之命。神宗。文祖之宗廟。言神尊之。○正音政。徐音征率百官若帝之初順舜初攝帝位故事奉行之帝曰咨禹惟時有苗弗率汝徂征三苗之民。數干王誅。率。循。徂。往也。不循帝道。言亂逆。命禹討之禹乃會羣后誓于師曰濟濟有衆咸聽朕命會諸侯共伐有苗。軍旅曰誓。濟濟。衆盛之貌。○濟子禮反蠢茲有苗昏迷不恭蠢。動。昏。闇也。言其所以宜討之侮慢自賢反道敗德狎侮先王。輕慢典教。反正道。敗德義。○侮亡甫反慢亡諫反君子在野小人在位廢仁賢。任姦佞民棄不保天降之咎言民叛天災之。○咎其九反肆予以爾衆士奉辭罰罪肆。故也。辭。謂不恭罪。謂侮慢以下事爾尚一乃心力其克有勳尚庶幾一汝心力以從我命三旬苗民逆命旬。十日也。以師臨之一月不服。責舜不先有文誥之命。威讓之辭。而便憚之以威。脅之以兵。所以生辭益贊于禹曰惟德動天無遠弗屆贊。佐。屆。至也。益以此義佐禹。欲其修德致遠。○屆音戒

大禹謨

滿招損。謙受益。時乃天道。自滿者人損之。自謙者人益之。是天之常道。帝初于歷山。往于田。日號泣于旻天。于父母。仁覆愍下。謂之旻天。言舜初耕于歷山之時。爲父母所疾。日號泣于旻天及父母。克己自責。不責於人。○號戶高反旻武巾反負罪引慝。祗載見瞽瞍。夔夔齋慄。瞽亦允若。慝。惡。載。事也。夔夔。悚懼之貌。言舜負罪引惡。敬以事見于父。悚懼齋莊。父亦信順之。言能以至誠感頑父。○慝他則反見賢遍反瞽音古瞍素后反夔求龜反至誠感神。矧茲有苗。誠。和。矧。況也。至和感神。況有苗乎。言易感。○誠音咸矧失忍反禹拜昌言曰。俞。班師振旅昌。當也。以益言爲當。故拜受而然之。遂還師。兵入曰振旅。言整衆。帝乃誕敷文德遠人不服。大布文德以來之。○誕音但舞干羽于兩階干。楯。羽。翳也。皆舞者所執。修闡文教。舞文舞于賓主階閒。抑武事。○楯食允反七旬有苗格討而不服。不討自來。明御之者必有道。三苗之國。左洞庭。右彭蠡。在荒服之例。去京師二千五百里。○蠡音禮

皋陶謨第四　虞書　孔氏傳

皋陶謨謨。謀也。皋陶爲帝舜謀。○爲于僞反曰若稽古皋陶亦順考古道以言之。典謨。聖帝所以立治之本。皆師法古道以成不易之則曰。允迪

厥德。謨明弼諧迪。蹈。厥。其也。其。古人也。言人君當信蹈行古人之德。謀廣聰明以輔諧其政禹曰。俞如何然其言。問所以行臯陶曰都。慎厥身修思永歎美之重也。慎修其身。思爲長久之道惇敘九族。庶明勵翼邇可遠在茲言慎修其身。厚次敘九族。則衆庶皆明其教。而自勉勵翼戴上命。近可推而遠者在此道○惇都昆反禹拜昌言曰俞以臯陶言爲當。故拜受而然之臯陶曰都。在知人在安民歎修身親親之道。在知人所信任。在能安民禹曰。吁咸若時惟帝其難之言帝堯亦以知人安民爲難。故曰吁知人則哲能官

人。安民則惠。黎民懷之。哲。智也。無所不知。故能官人。惠。愛也。愛則
民歸之。能哲而惠。何憂乎驩兜。佞人亂眞。堯憂其敗政。故流放
之。何遷乎有苗。何畏乎巧言令色孔壬。孔。甚也。巧
言。靜言庸違。令色。象恭滔天。禹言有苗驩兜之徒。甚佞如此。堯畏其亂政。故遷放之。皐
陶曰。都。亦行有九德。言人性行有九德。以考察眞僞則可知。○行，下
孟反。亦言其人有德。乃言曰。載采采。載。行。采。事也。稱其人
有德。必言其所行某事某事。以爲驗。禹曰。何。問九德品例。皐陶曰。寬
而栗。性寬弘而能莊栗。柔而立。和柔而能立事。愿而恭。慤愿而恭。

恪。愿音願。愨苦各反。**亂而敬**亂。治也。有治而能謹敬。**擾而毅**擾。順也。致果爲毅。擾而小反。徐音饒。毅五既反。**直而溫**行正直而氣溫和。**簡而廉**性簡大而有廉隅。**剛而塞**剛斷而實塞。斷丁亂反。**彊而義**無所屈撓。動必合義。撓女孝反。**彰厥有常吉哉**彰。明。吉。善也。明九德之常。以擇人而官之。則政之善。**日宣三德夙夜浚明有家**三德。九德之中有其三。宣。布。夙。早。浚。須也。卿大夫稱家。言能日日布行三德。早夜思之。須明行之。可以爲卿大夫。浚息俊反。**日嚴祗敬六德亮采有邦**有國諸侯。日日嚴敬其身。敬行六德以信治政事。則可以爲諸侯。**翕受敷施九**

德咸事俊乂在官翕。合也。能合受三六之德而用之。以布施政教。使九德之人皆用事。謂天子如此。則俊德治能之士竝在官。(翕)許及反百僚師師百工惟時僚。工。皆官也。師師。相師法。百官皆是。言政無非撫于五辰。庶績其凝凝。成也。言百官皆撫順五行之時。衆功皆成無教逸欲有邦不爲逸豫貪欲之教。是有國者之常兢兢業業一日二日萬幾兢兢。戒愼。業業。危懼。幾。微也。言當戒懼萬事之微。(兢)居凌反(幾)徐音機無曠庶官。天工人其代之曠。空也。位非其才爲空官。言人代天理官。不可以天官私非其才天敘有典勑我五典五惇哉天次

敘人之常性。各有分義。當勑正我五常之教。使合于五厚厚天下○分扶問反

天秩有禮自我五禮有庸哉庸常。自用也。天次秩有禮。當用我公侯伯子男五等之禮以接之。使有常

同寅協恭和衷哉衷善也。以五禮正諸侯。使同敬合恭而和善。○衷音中

天命有德五服五章哉五服。天子諸侯卿大夫士之服也。尊卑采章各異。所以命有德

天討有罪五刑五用哉言天以五刑討有罪。用五刑宜必當

政事懋哉懋哉言敘典秩禮。命德討罪。無非天意者。故人君居天官。聽政治事。不可以不自勉

天聰明。自我民聰明言天因民而降之福。民所歸者天命之。天視聽人君之行。用民

爲聰明。天明畏自我民明威。天明可畏。亦用民成其威。民所叛者天討之。是天明可畏之效。達于上下。敬哉有土。言天所賞罰。惟善惡所在。不避貴賤。有土之君。不可不敬懼。皋陶曰。朕言惠可厎行。其所陳九德以下之言。順於古道。可致行。禹曰。俞。乃言厎可績。然其所陳。從而美之曰。用汝言。致可以立功。皋陶曰。予未有知。思曰贊贊襄哉。言我未有所知。未能思致於善。徒亦贊奏上古行事而言之。因禹美之。承以謙辭。言之序。襄息羊反

益稷第五 虞書 孔氏傳

益稷禹稱其人。因以名篇帝曰。來禹。汝亦昌言因臯陶謨九德故呼禹使亦陳當言。○當丁浪反禹拜曰。都。帝。予何言。予思日孜孜拜而歎。辭不言。欲使帝重臯陶所陳。言己思日孜孜不怠。奉承臣功而已。○思如字。又息吏反。孜音茲臯陶曰。吁。如何問所以孜孜之事禹曰。洪水滔天。浩浩懷山襄陵。下民昏墊言天下民昏瞀墊溺。皆困水災。○浩戶老反。墊丁念反。瞀音務予乘四載。隨山刊木所載者四。謂水乘舟。陸乘車。泥乘輴。山乘樏。隨行九州之山林。刊槎其木。開通道路。以治水也。○乘音繩。刊苦安反。輴丑倫反。以板置泥上。形如木箕。樏力追反。行下孟反。槎士雅反。**暨益奏庶鮮食。**奏謂進於民。鳥獸新殺曰鮮。與益槎木獲鳥獸。民以進食。〇暨其器反。鮮音仙。生也。**予決九川。距四海。濬畎澮距川。**距。至也。決九州名川。通之至海。一畝之間。廣尺深尺曰畎。方百里之間。廣二尋深二仞曰澮。澮畎深之至川。亦入海。〇距音巨。濬思俊反。畎工犬反。澮故外反。廣光浪反。深尸鴆反。下同。**暨稷播奏庶艱食鮮食。**艱難也。衆難得食處。則與稷教民播種之。決川有魚鼈。使民鮮食之。**懋遷有無化居。**化易也。居謂所宜居積者。勉勸天下。徙有之無。魚鹽徙山。林木徙川澤。交易其所居積。**烝民乃粒。萬邦作乂。**米食曰粒。言天下由此爲治本。**皐陶曰。俞。師汝**

昌言（言禹功甚當，可師法。○當，丁浪反）禹曰：都！帝，愼乃在位。帝曰：俞。（然禹言，受其戒）禹曰：安汝止，惟幾惟康。其弼直，（言愼在位，當先安好惡所止，念慮幾微以保其安。其輔臣必用直人。○好，呼報反。惡，烏路反）惟動丕應徯志，（徯，待也。帝先安所止，動則天下大應之，順命以待帝志。○徯，胡啓反）以昭受上帝，天其申命用休。（昭，明也。非但人應之，又乃明受天之報施，天又重命用美）帝曰：吁！臣哉鄰哉！鄰哉臣哉！禹曰：俞。（鄰，近也。言君臣道近，相須而成）帝曰：臣作朕股肱耳目。（言大體若身。○股音古，肱古閎反）予欲左右有民，汝翼左右。助也。助我所有之民富而教之。汝翼成我予欲宣力四方。汝爲布力立治之功。汝羣臣當爲之予欲觀古人之象欲觀示法象之服制日月星辰山龍華蟲日。月。星。爲三辰。華象草華蟲。雉也。畫三辰山龍華蟲於衣服旌旗作會宗彝會。五采也。以五采成此畫焉。宗廟彝樽亦以山龍華蟲爲飾。○會胡對反。彝音夷藻火粉米黼黻絺繡藻。水草有文者。火。爲火字。粉。若粟冰。米。若聚米。黼。若斧形。黻。爲兩已相背。葛之精者曰絺。五色備曰繡。○黼音甫。黻音弗。絺勑私反以五采彰施于五色。作服。汝明天子服日月而下。諸侯自龍袞而下至黼黻。士服藻火。大夫加粉米。上得兼下。下不得僭上。以五采明施于五色。作尊卑之服。汝明制之**予欲聞六律五聲八音。在治忽。以出納五言。汝聽**言欲以六律和聲音。在察天下治理及忽怠者。又以出納仁義禮智信五德之言。施于民以成化。汝當聽審之。○出如字。又尺遂反**予違汝弼。汝無面從。退有後言**我違道。汝當以義輔正我。無得面從。我違。而退後有言我不可弼**欽四鄰。庶頑讒說若不在時**四近。前後左右之臣。勑使敬其職。衆頑愚讒說之人。若所行不在於是而爲非者。當察之**侯以明之。撻以記之**當行射侯之禮。以明善惡之教。笞撻不是者。使記識其過**書用識哉。欲竝生哉**

書識其非。欲使改悔。與共竝生。識職吏反工以納言時而颺之工。樂官。掌誦詩以納諫。當是正其義而颺道之。颺音揚格則承之庸之否則威之天下人能至于道。則承用之。任以官。不從教。則以刑威之。否方有反。徐音鄙禹曰俞哉帝光天之下至于海隅蒼生光天之下。至于海隅蒼蒼然生草木。言所及廣遠萬邦黎獻共惟帝臣惟帝時舉敷納以言明庶以功車服以庸獻。賢也。萬國衆賢。共爲帝臣。帝舉是而用之。使陳布其言。明之皆以功大小爲差。以車服旌其能用之誰敢不讓敢不敬應上惟賢是用。則下皆敬應上命而讓善。帝不時。敷同日奏罔功。帝用臣不是。則遠近布同而日進於無功。以賢愚竝位。優劣共流故。無若丹朱傲。惟慢遊是好。丹朱。堯子。舉以戒之。○傲五報反。好呼報反。敖虐是作。罔晝夜頟頟。敖戲而爲虐。無晝夜常頟頟。肆惡無休息。○敖五羔反。徐五報反。頟五客反。罔水行舟。朋淫于家。用殄厥世。朋。羣也。丹朱習於無水陸地行舟。言無度。羣淫於家。妻妾亂。用是絕其世不得嗣。○殄徒典反。予創若時。娶于塗山辛壬癸甲。創。懲也。塗山。國名。懲丹朱之惡。辛日娶妻。至于甲日。復往治水。不以私害公。○復扶又反。啓呱呱而泣。予弗子。惟荒度土功。啓。禹子也。禹治水。過門不入。聞啓泣聲。不暇子名之。以大治度水土之功故。○呱音孤度徒洛反弼成五服。至于五千。州十有二師。五服。侯。甸。綏。要。荒服也。服五百里。四方相距。爲方五千里。治洪水輔成之。一州用三萬人功。九州二十七萬庸。○要一遙反外薄四海。咸建五長。薄迫也。言至海。諸侯五國。立賢者一人爲方伯。謂之五長。以相統治。以奬帝室。○薄蒲各反長丁丈反各迪有功。苗頑弗即工。帝其念哉。九州五長。各蹈爲有功。唯三苗頑凶。不得就官。善惡分別帝曰。迪朕德。時乃功惟敘。言天下蹈行我德。是汝治水之功有次序。敢不念乎皋陶方祗厥

敘。方施象刑惟明。方。四方。禹五服既成。故臯陶敬行其九德。考績之次序於四方。又施其法刑皆明白。史因禹功重美之

夔曰。戛擊鳴球。搏拊琴瑟以詠。祖考來格。戛擊。柷敔。所以作止樂。搏拊。以韋爲之。實之以糠。所以節樂。球。玉磬。此舜廟堂之樂。民悅其化。神歆其祀。禮備樂和。故以祖考來至明之。○夔求龜反。戛居八反。球音求。搏音博。拊音撫。柷尺叔反。敔魚呂反

虞賓在位。羣后德讓。丹朱爲王者後。故稱賓。言與諸侯助祭。年爵同。推先有德

下管鼗鼓。合止柷敔。堂下樂也。上下合止樂。各有柷敔。明球弦鍾籥。各自互見。○鼗音桃。見賢遍反。下同

笙鏞以閒。鳥獸蹌蹌。鏞。大鐘。閒。迭也。

乾隆四十八年　書二　十五

吹笙擊鐘。鳥獸化德。相率而舞蹌蹌

然。○鏞音庸間閒廁之閒蹌七羊反簫韶九

成鳳皇來儀。韶。舜樂名。言簫見細器之備。雄

曰鳳。雌曰皇。靈鳥也。儀。有容儀。

備樂九奏而致鳳皇。則

餘鳥獸不待九而率舞夔曰。於予擊石拊石。

百獸率舞庶尹允諧尹。正也。衆正官之長。信

皆和諧。言神人洽。始於

任賢。立政以禮。治成以樂。

所以太平。○於予竝如字帝庸作歌曰。勑天

之命。惟時惟幾。用庶尹允諧之政。故作歌以

戒。安不忘危。勑。正也。奉正天

命以臨民。惟在

順時。惟在愼微乃歌曰。股肱喜哉。元首起哉。

百工熙哉元首。君也。股肱之臣。喜樂盡忠。君

之治功乃起。百官之業乃廣。○樂

音洛〔盡〕津忍反。**皋陶拜手稽首。颺言曰。念哉**大言而疾曰颺。承歌以戒帝。○〔颺〕音揚**率作興事。慎乃憲。欽哉**憲法也。天子率臣下為起治之事。當慎汝法度。敬其職**屢省乃成。欽哉**屢數也。當數顧省汝成功。敬終以善。無懈怠。○〔屢〕力具反〔省〕悉井反〔數〕色角反〔懈〕佳賣反**乃賡載**

歌曰。元首明哉。股肱良哉。庶事康哉賡續。載成也。帝歌歸美股肱。義未足。故續歌。先君後臣。衆事乃安。以成其義。○〔賡〕加孟反。又皆行反**又**

歌曰。元首叢脞哉。股肱惰哉。萬事墮哉叢脞。細碎無大略。君如此則臣懈惰。萬事墮廢。其功不成。歌以申戒。○〔叢〕才公反〔脞〕倉果反〔惰〕徒卧

反（墮）許規反

帝拜曰。俞。往欽哉。拜受其歌。戒羣臣自今以往。敬其職事哉

相臺岳氏刻梓荊谿家塾

進士臣羅錦森敬書

尚書卷二考證

大禹謨儆戒無虞○案朱子曰古文本作儆戒無虞唐開元時改經文敬作儆

降水儆予○案蔡沈集傳本降作洚孟子亦作洚史記則作鴻禹貢北過洚水蔡傳亦作洚

天叙有典傳天次叙人之常性○案呂祖謙曰典禮出于天天命之謂性也汲古閣等本作常情誤

臯陶謨天明畏自我民明威○王應麟曰古文天明畏自吾民明畏今文下畏字作威蓋衛包所改蔡沈集傳威古文作畏二字通用

益稷濬畎澮距川傳一畝之間○案畝應作畞說文徐
鉉曰十四方也久声省作又非
予欲聞六律五聲八音在治忽以出納五音○在治忽
案史記夏本紀作來始滑註云尚書滑作曶又漢書
律歷志作七始詠文義互異

尚書卷第三

禹貢第一

夏書　　孔氏傳

禹別九州分其圻界。別彼列反。圻其依反隨山濬川刊其木。深其流。濬思俊反。刊苦安反任土作貢任其土地所有。定其貢賦之差。此堯時事。而在夏書之首。禹之王以是功。禹貢禹制九州貢法禹敷土。隨山刊木洪水汎溢。禹分布治九州之土。隨行山林。斬木通道。行下孟反奠高山大川奠定也。高山。五岳。大川。四瀆。定其差秩。祀禮所視冀州既載

乾隆四十八年

堯所都也。先施貢賦役載於書。壺口治梁及岐。壺口在冀州。梁岐在雍州。從東循山治水而西。○治如字。既修太原，至于岳陽。高平曰太原。今以爲郡名。岳。太岳。在太原西南。山南曰陽。覃懷厎績，至于衡漳。覃懷近河地名。漳水橫流入河。從覃懷致功至橫漳。○覃徒南反。厎之履反。厥土惟白壤。無塊曰壤。水去土復其性。色白而壤。○壤若丈反。塊苦對反。厥賦惟上上錯。賦。謂土地所生以供天子。上上。第一。錯。雜。雜出第二之賦。○上如字。錯倉各反。厥田惟中中。田之高下肥瘠。九州之中爲第五。○中丁仲反。又如字。恒衞既從，大陸既作。二水已治。從其故道。大陸之地。已可耕作。島夷皮服海曲謂之島。居島之夷。還服其皮。明水害除。○島當老反。北夷國夾。右碣石入于河碣石。海畔山。禹夾行此山之右。而入河逆上。此州帝都。不說境界。以餘州所至則可知。先賦後田。亦殊於餘州。不言貢篚。亦差於餘州。○夾音協碣其列反濟河惟兗州東南據濟。西北距河。○濟子禮反。下同兗悅轉反九河既道河水分爲九道。在此州界。平原以北是。○九河。徒駭一。太史二。馬頰三。覆釜四。胡蘇五。簡六。潔七。鉤盤八。鬲津九。出爾雅雷夏既澤灉沮會同雷夏。澤名。灉沮二水。會同此澤。○灉音邕沮七餘反桑土既蠶是降丘宅土地高曰丘。大水去。民下丘居平土。就桑蠶厥土黑墳色黑而墳起。○墳扶粉反。後竝同。厥草惟繇。厥木惟條。繇，茂。條，長也。○繇音遙。厥田惟中下。田第六。厥賦貞。貞，正也。州第九。賦正與九相當。作十有三載乃同。治水十三年，乃有賦法與他州同。厥貢漆絲。厥篚織文。地宜漆林，又宜桑蠶。織文，錦綺之屬。盛之筐篚而貢焉。○盛音成。浮于濟漯。達于河。順流曰浮。濟、漯，兩水名。因水入水曰達。○漯天荅反。海岱惟青州。東北據海，西南距岱。○岱音代。泰山也。嵎夷既略。濰淄其道。嵎夷，地名。用功少曰略。濰、淄二水，復其故道。○嵎音隅。濰音惟。淄側其反。厥土白墳。海濱廣斥。濱，涯也。言復其斥鹵。厥田惟上下。厥賦中上田第三。賦第四。厥貢鹽絺。海物惟錯絺。細葛。錯。雜。非一種。岱畎絲枲鈆松怪石畎。谷也。怪。異。好石似玉者。岱山之谷。出此五物。皆貢之。○畎工犬反枲思似反鈆寅專反萊夷作牧萊夷。地名。可以放牧厥篚檿絲檿桑蠶絲。中琴瑟絃。○檿烏簟反浮于汶達于濟。○汶音問海岱及淮惟徐州東至海。北至岱。南及淮淮沂其乂蒙羽其藝二水已治。二山已可種藝。○沂音宜藝魚世反大野既豬東原厎平大野。澤名。水所停曰豬。東原致功而平。言可耕○豬張魚反厥土赤埴墳草木漸包土黏曰埴。漸進長。包。叢生

○埴市力反 厥田惟上中。厥賦中中田第二。賦第五。厥貢惟土五色王者封五色土爲社。建諸侯則各割其方色土與之。使立社。燾以黃土。苴以白茅。茅取其絜。黃取王者覆四方羽畎夏翟嶧陽孤桐夏翟。翟雉名。羽中旌旄。羽山之谷有之。孤特也。嶧山之陽特生桐。中琴瑟。○夏行雅反翟徒歷反嶧音亦泗濱浮磬淮夷蠙珠暨魚泗水涯。水中見石。可以爲磬。蠙珠。珠名。淮夷二水。出蠙珠美魚。○蠙蒲邊反暨其器反見賢遍反厥篚玄纖縞玄。黑繒。縞。白繒。纖。細也。纖在中。明二物皆當細。○縞古老反繒似陵反浮于淮泗。達于河。淮海惟揚州北據淮。南距海。彭蠡既

豬陽鳥攸居彭蠡澤名。隨陽之鳥。鴻鴈之屬。冬月所居於此澤。蠡音禮

三江既入震澤厎定震澤。吳南大湖名。言三江已入。致定爲震澤。厎之履反

篠簜既敷篠。竹箭。簜。大竹。水去已布生。篠西了反簜徒黨反厥

草惟夭厥木惟喬少長曰夭。喬。高也。夭於嬌反喬其嬌反少詩照反

厥土惟塗泥地泉濕厥田惟下下厥賦下上上田第九。賦第七。雜出第六厥貢惟金三品金銀銅也瑤琨篠

簜瑤琨。皆美玉齒革羽毛惟木齒。象牙。革。犀皮。羽。鳥羽。毛。旄牛尾。木。楩梓豫章。楩音緶島夷卉服南海島夷。草服葛越。卉許貴反厥篚

織貝織。細紵。貝。水物。厥包橘柚。錫貢小曰橘。大曰柚。其所包裹而致者。錫命乃貢。言不常。柚由究反沿于江海達于淮泗順流而下曰沿。沿江入海。自海入淮。自淮入泗。沿悅專反荆及衡陽惟荆州北據荆山。南及衡山之陽。江漢朝宗于海二水經此州而入海。有似於朝。百川以海爲宗。宗。尊也。朝直遥反九江孔殷江於此州界。分爲九道。甚得地勢之中沱潛既道沱。江別名。潛。水名。皆復其故道。沱徒河反雲土夢作乂雲夢之澤在江南。其中有平土丘。水去可爲耕作畎畝之治厥土惟塗泥。厥田惟下中。厥賦上下田第八。賦第三。人功修厥貢羽毛齒革惟金三品土所出與揚州同杶榦栝柏榦。柘也。柏葉松身曰栝。○杶，勑倫反。榦，故旦反。栝，古活反。柘，章夜反。礪砥砮丹砥細於礪，皆磨石也。砮，石中矢鏃。丹，朱類。○礪，力世反。砥，音脂，徐之履反。砮，音奴，韋昭乃固反。磨，末佐反。鏃，子木反。惟箘簵楛三邦厎貢厥名箘簵，美竹。楛，中矢榦。三物皆出雲夢之澤，近澤三國常致貢之，其名天下稱善。○箘，求隕反。簵，音路。楛，音戶。馬云：木名，可以爲箭。包橘柚也。匭菁茅匭，匣也。菁以爲菹，茅以縮酒。○匭，音軌。菁，子丁反。厥篚玄纁璣組此州染玄纁色善，故貢之。璣，珠類，生於水。組，綬類。○纁，許云反。璣，其依反，又音機。組，音租。九江納錫大

龜尺二寸曰大龜。出於九江水中。龜不常用。錫命而納之。浮于江沱潛

漢。逾于洛。至于南河。逾。越也。河在冀州南。東流。故越洛而至南河。

荊河惟豫州西南至荊山。北距河水。伊洛瀍澗既入于

河。伊出陸渾山。洛出上洛山。澗出沔池山。瀍出河南北山。四水合流而入河。○瀍音纏。

滎波既豬。滎澤波水。已成遏豬。○滎戶扃反。滎澤也。導菏澤。被孟

豬。菏澤在胡陵。孟豬。澤名。在菏東北。水流溢覆被之。○菏徐音柯。被皮寄反。豬張魚反。

厥土惟壤。下土墳壚。高者壤。下者壚。壚。疏。○壚音盧。黑剛土也。厥

田惟中上。厥賦錯上中。田第四。賦第二。又雜出第一。厥貢

漆枲絺紵。厥篚纖纊纊。細綿。○絺勑其反紵直呂反纊音曠錫貢磬錯治玉石曰錯。治磬錯浮于洛。達于河。華陽黑水惟梁州東據華山之南。西距黑水○華胡化反。又胡瓜反岷嶓既藝。沱潛既道岷山。嶓冢。皆山名。水去已可種藝沱潛發源此州。入荊州。○岷武巾反○嶓音波。後同蔡蒙旅平。和夷厎績蔡蒙二山名。祭山曰旅。平言治功畢。和夷之地。致功可藝厥土青黎色青黑而沃壤厥田惟下上。厥賦下中三錯田第七。賦第八。雜出第七第九三等厥貢璆鐵銀鏤砮磬璆。玉名。鏤。剛鐵。○璆音虯。又居虯反熊羆狐貍織皮

禹貢

貢四獸之皮。織金罽。熊音雄羆彼宜反罽紀例反西傾因桓是來浮
于潛逾于沔西傾。山名。桓水自西。傾山南行。因桓水是來浮于潛漢上曰沔
。傾窺并反。後同入于渭。亂于河越沔而北入渭。浮東渡河而還帝都
白所治。正絕流曰亂黑水西河惟雍州西距黑水。東據河。龍門之河。在
冀州西。雍扵用反弱水既西導之西流。至於合黎涇屬渭汭屬逮
也。水北曰汭。言治涇水入扵渭。○屬之蜀反汭如銳反漆沮既從灃水
攸同漆沮之水。已從入渭。灃水所同。同之扵渭。○沮七徐反灃芳弓反荊岐
既旅已旅祭。言治功畢。此荊在岐東。非荊州之荊終南惇物至于

鳥鼠三山名。言相望。原隰底績。至于豬野下濕曰隰。豬野。地名。言皆致功三危既宅。三苗丕敘西裔之山已可居。三苗之族。大有次敘。美禹之功厥土惟黃壤。厥田惟上上。厥賦中下田第一。賦第六。人功少厥貢惟球。琳。琅玕球。琳。皆玉名。琅玕。石而似珠。○球音求琳來金反浮于積石。至于龍門西河積石山在金城西南。河所經也。沿河順流而北。千里而東。千里而南。龍門山。在河東之西界會于渭汭逆流曰會。自渭北涯逆水西上織皮崑崙析支渠搜。西戎即敘織皮。毛布。有此四國。在荒服之外。流沙之內。羌髳之屬。皆就次敘。美禹之功及戎狄也。○崙魯門反。析星歷反。搜所由反。鄋音謀。西戎。國名。導岍及岐。至于荆山。更理說所治山川首尾所在。治山通水。故以山名之。三山皆在雍州。○岍音牽。逾于河。此謂梁山龍門西河。壺口。雷首至于太岳。三山在冀州。太岳。上黨西。厎柱。析城至于王屋。此三山在冀州南河之北。東行。○厎之履反。太行。恒山至于碣石入于海。此二山連延東北。接碣石而入滄海。百川經此衆山。禹皆治之。不可勝名。故以山言之。○行戶剛反。西傾。朱圉。鳥鼠。西傾。朱圉在積石以東。鳥鼠。渭水所出。在隴西之西。三者雍州之南山。○圉魚呂反。至于太華。相首尾而東。○華如字。又戶化反。

熊耳、外方、桐柏，至于陪尾。四山相連東南。在豫州界。洛經熊耳。伊經外方。淮出桐柏。經陪尾。凡此皆先舉所施功之山於上。而後條列所治水於下。互相備。陪音裴。

○導嶓冢，至于荆山。漾水出嶓冢。在梁州。經荆山。荆山在荆州。漾羊尚反。

○內方，至于大別。內方。大別。二山名。在荆州。漢所經。

岷山之陽，至于衡山。岷山。江所出。在梁州。衡山。江所經。在荆州。

過九江，至于敷淺原。言衡山連延過九江。接敷淺原。言導從首起。言陽。從南數淺原。一名博陽山。在揚州豫章界。

導弱水，至于合黎。合黎。水名。在流沙東。

餘波入于流沙。弱水餘波。西溢入流沙。

導黑水。

至于三危入于南海黑水自北而南經三危過梁州入南海導河積石至于龍門施功發于積石至于龍門或鑿山或穿地以通流南至于華陰河自龍門南流至華山北而東行東至于底柱底柱山名河水分流包山而過山見水中若柱然在西虢之界○見賢遍反虢寡白反又東至于孟津孟津地名在洛北都道所湊古今以爲津東過洛汭至于大伾洛汭洛入河處山再成曰伾至于大伾而北行○伾音丕又皮鄙反北過降水至于大陸降水水名入河大陸澤名○降如字鄭戶江反又北播爲九河北分爲九河以殺其溢在兖州界同爲逆

河入于海同合爲一大河，名逆河，而入於渤海。皆禹所加功，故敘之。嶓冢導漾，東流爲漢，泉始出山爲漾水，東南流爲沔水，至漢中東行爲漢水。又東爲滄浪之水，別流在荆州。○浪音郎。過三澨，至于大別，三澨，水名，入漢。大別，山名。○澨，市制反。南入于江。觸山迴南入江。東匯澤爲彭蠡，匯，迴也。水東迴爲彭蠡大澤。○匯，胡罪反。東爲北江，入于海。自彭蠡江分爲三，入震澤，遂爲北江而南入海。岷山導江，東別爲沱，江東南流，沱東行。又東至于澧，澧，水名。○澧音禮。過九江，至于東陵，江分爲九道，在荆州。東陵，地名。東迆北會

于匯也。溢也。東溢分流。都共北會爲彭蠡。迆以爾反東爲中江。入
于海有北有中。南可知導沇水。東流爲濟泉源爲沇。流去爲濟。
在温西北平地。沇音兖。又以轉反入于河。溢爲滎濟水入河。並流十數
里而南截河。又並流數里溢爲滎澤。在敖倉東南。數邑住反東出于陶丘
北。陶丘。丘再成陶音桃又東至于菏。菏澤之水又東北會
于汶。濟與汶合又北東入于海北折而東導淮自桐柏
桐柏山。在南陽之東東會于泗沂。東入于海與泗沂二水合。入于
海導渭自鳥鼠同穴鳥鼠共爲雄雌。同穴處此山。遂名山曰鳥鼠。渭

水出焉。東會于灃。又東會于涇。灃水自南。涇水自北而合。〔灃〕音豐。又東過漆沮。入于河。漆沮。二水名。亦曰洛水。出馮翊北。導洛自熊耳。在宜陽之西。東北會于澗瀍。會于河南城南。又東會于伊。合於洛陽之南。又東北入于河。合於鞏之東。〔鞏〕恭勇反。縣名。九州攸同。所同事在下。四隩既宅。四方之宅已可居。〔隩〕於六反。又於報反。九山刊旅。九川滌源。九澤既陂。九州名山。已槎木通道而旅祭矣。九州之川。已滌除泉源無壅塞矣。九川之澤。已陂障無決溢矣。〔滌〕待歷反〔陂〕彼宜反〔槎〕仕雅反四海會同。六府孔修。四海之內。

會同京師。九州同風。萬國共貫。水火金木土穀甚修治。言政化和庶土交正。厎愼財賦交。俱也。衆土俱得其正。謂壤墳壚。致所愼者財貨貢賦。言取之有節。不過度咸則三壤。成賦中邦。皆法壤田上中下。大較三品。成九州之賦。明水害除。○較音角錫土姓。祗台德先。不距朕行。台。我也。天子建德。因生以賜姓。謂有德之人生此地。以此地名。賜之姓以顯之。王者常自以敬我德爲先。則天下無距違我行者。○台音怡行下孟反五百里甸服規方千里之內。謂之甸服。爲天子服治田。去王城面五百里。○甸田遍反爲于僞反百里賦納總甸服內之百里近王城者。禾稾曰總。入之。供飼國馬二百里納

銍 銍。刈。謂禾穗○銍珍栗反 三百里納秸服 秸。稾也。服。稾役。○秸工八反 四百里粟。五百里米 所納精者少。麤者多 五百里侯服 甸服外之五百里。侯。候也。斥候而服事 百里采 侯服內之百里。供王事而巳。不主一 二百里男邦 男。任也。任王者事。○任而針反 三百里諸侯 三百里同爲王者斥候。故合三三爲一名。○爲于僞反 五百里綏服 綏。安也。侯服外之五百里。安服王者政教 三百里揆文教 揆。度也。度王者文教而行之。三百里皆同。○揆葵癸反 二百里奮武衛 文教外之二百里奮武衛。天子所以安 五百里要服 綏服外之五百里要束以文教。○要一遙反三百里夷守平常之教。事王者而已。二百里蔡蔡。法也。法三百里而差簡。差初佳反五百里荒服要服外之五百里。言荒又簡略三百里蠻以文德蠻來之。不制以法二百里流流。移也。言政教隨其俗。凡五服相距爲方五千里東漸于海。西被于流沙。朔南暨聲教漸。入也。被。及也。此言五服之外。皆與王者聲教而朝見。漸子廉反被皮寄反與音預朝直遙反見賢遍反訖于四海。禹錫玄圭。告厥成功玄。天色。禹功盡加於四海。故堯賜玄圭以彰顯之。言天功成。訖斤密反

甘誓第二　夏書　孔氏傳

啓與有扈戰于甘之野。作甘誓夏啓嗣禹位。伐有扈之罪。○扈音戸。國名。與夏同姓。馬云。姒姓之國。

甘誓甘。有扈郊地名。將戰先誓。

大戰于甘。乃召六卿天子六軍。其將皆命卿。○將子匠反。王曰。嗟六事之人各有軍事。故曰六事。予誓告汝。有扈氏威侮五行。怠棄三正五行之德。王者相承所取法。有扈與夏同姓。恃親而不恭。是則威虐侮慢五行。怠惰棄廢天地人之正道。言亂常。○侮亡甫反。正如字。徐音征。天用勦絶其命用其失道故。勦。截也。截絶。謂滅之。○勦子六反。王篇子小反。今予惟恭行天之罰恭。奉也。言欲截絶之。左不攻于左。汝不恭命左。車左。左方主射。攻。治也。治其職。右不攻于右。汝不恭命右。車右。勇力之士。執戈矛以退敵。御非其馬之正。汝不恭命御以正馬爲政。三者有失。皆不奉我命。○【御】魚慮反用命賞于祖天子親征。必載遷廟之祖主行。有功則賞祖主前。示不專弗用命戮于社天子親征。又載社主。謂之社事。不用命奔北者。則戮之於社主前。社主陰。陰主殺。親祖嚴社之義。○【戮】音六【北】如字。又音佩予則孥戮汝孥。子也。非但止汝身。辱及汝子。言恥累也。○【孥】音奴【累】劣僞反

五子之歌第三　夏書　孔氏傳

太康失邦啓子也。盤于遊田。不恤民事。爲羿所逐。不得反國昆弟五人須于洛汭作五子之歌太康五弟。與其母。待太康於洛水之北。怨其不反。故作歌。○汭如銳反五子之歌啓之五子。因以名篇太康尸位以逸豫尸。主也。主以尊位。爲逸豫不勤滅厥德。黎民咸貳君喪其德。則衆民皆二心矣。○喪息浪反乃盤遊無度盤樂遊逸無法度。○盤步干反。樂音洛畋于有洛之表。十旬弗反洛水之表水之南。十日曰旬。田獵過百日不還。○畋音田有窮后羿。因民弗忍。距于河有窮。國名。羿。諸侯名。距太康於河。不得入國。遂廢之。○羿五計反距音巨厥弟五人。御其母以從御。侍也。言從畋。○從如字徯于洛之汭。五子咸怨待太康。怨其久畋失國。○徯胡啓反述大禹之戒以作歌述。循也。歌以敘怨其一曰。皇祖有訓。民可近。不可下皇。君也。君祖禹有訓戒。近謂親之。下謂失分。○近巨靳反。分扶問反民惟邦本。本固邦寧言人君當固民以安國予視天下。愚夫愚婦。一能勝予言能畏敬小民。所以得衆心一人三失。怨豈在明。不見是圖三失。過非一也。不見是謀。備其微。○三如字。又息暫反。見賢遍反予臨兆民。懍乎若朽索之馭六馬十萬曰億。十億曰兆。言多。懍。危貌。朽。腐也。腐索馭六馬。言危懼甚。○懍力甚反　朽許久反　索息各反　馭音御爲人上者柰何不敬能敬則不驕。在上不驕。則高而不危其二曰。訓有之。內作色荒。外作禽荒作。爲也。迷亂曰荒。色。女色。禽。鳥獸甘酒嗜音。峻宇彫牆甘嗜無厭足。峻。高大。彫。飾畫。○甘戶甘反　嗜市志反　峻思俊反　厭於鹽反有一于此。未或不亡此六者。棄德之君。必有其一。有一必亡。況兼有乎其三曰。惟彼陶唐有此冀方陶唐。帝堯氏。都冀州。統天下四方今失厥道。亂其紀綱。乃底滅亡言失堯之道。亂其法制。自致滅亡○底之

乾隆四十八年　書三　十四

覆反其四曰明明我祖。萬邦之君。有典有則。貽厥子孫。君萬國爲天子。典謂經籍。則法。貽遺也。言仁及後世。○貽以之反遺唯季反關石和鈞。王府則有。荒墜厥緒。覆宗絕祀。金鐵曰石。供民器用。通之使和平。則官民足。言古制存。而太康失其業以取亡。○覆芳服反其五曰。嗚呼曷歸。予懷之悲。曷何也。言思而悲。○曷戶割反萬姓仇予。予將疇依。仇怨也。言當依誰以復國乎鬱陶乎予心。顏厚有忸怩。鬱陶。言哀思也。顏厚。色愧。忸怩。心慚。慚愧於仁人賢士。○鬱紆勿反陶音桃忸女六反怩女姬反思息嗣反弗愼厥德。雖

悔可追言人君行己。不慎其德以速滅敗。雖欲改悔。其可追及乎。言無益

胤征第四　夏書　孔氏傳

羲和湎淫。廢時亂日羲氏。和氏。世掌天地四時之官。自唐虞至三代。世職不絕。承太康之後。沈湎於酒。過差非度。廢天時。亂甲乙。○湎音緬。面善反。差初賣反。又初佳反胤往征之。作胤征胤國之君受王命往征之胤征奉辭罰罪曰征

惟仲康肇位四海羿廢太康。而立其弟仲康爲天子。○肇音兆胤侯命掌六師仲康命胤侯掌主六師。爲大司馬羲和廢厥職。酒荒于厥邑舍其職官。還其私邑。以酒迷亂。不修其業。○舍音捨

胤后承王命徂征徂往也就其私邑往討之告于衆曰嗟予有衆誓勑之聖有謨訓明徵定保徵證保安也聖人所謀之教訓爲世明證所以定國安家先王克謹天戒臣人克有常憲言君能愼戒臣能奉有常法百官修輔厥后惟明明修職輔君君臣俱明每歲孟春遒人以木鐸徇于路遒人宣令之官木鐸金鈴木舌所以振文教○遒在由反鐸待洛反官師相規工執藝事以諫官師衆官更相規闕百工各執其所治技藝以諫諫失常○更音庚技其綺反其或不恭邦有常刑言百官廢職服大刑惟時

羲和顛覆厥德顛覆言反倒。將陳羲和所犯。故先舉孟春之令。犯令之誅。○覆芳服反倒丁老反沈亂于酒畔官離次沈。謂醉冥失次位也○離如字。又力智反冥莫定反俶擾天紀遐棄厥司俶。始。擾。亂。遐。遠也。紀。謂時日。司。所主也○俶尺六反擾而小反乃季秋月朔辰弗集于房辰。日月所會。房。所舍之次。集。合也。不合。即日食可知瞽奏鼓嗇夫馳庶人走凡日食。天子伐鼓於社。責上公。瞽。樂官。樂官進鼓則伐之。嗇夫。主幣之官。馳取幣禮天神。衆人走。供救日食之百役也。○嗇音色羲和尸厥官。罔聞知主其官。而無聞知於日食之變異。所以罪重昏迷于天象。

以干先王之誅闇錯天象。言昏亂之甚。干。犯也。政典曰。先時者殺無赦政典。夏后爲政之典籍。若周官六卿之治典。先時。謂曆象之法。四時節氣。弦望晦朔。先天時。則罪死無赦。○先悉薦反。又如字。注同。不及時者殺無赦不及。謂曆象後天時。雖治其官。苟有先後之差。則無赦。況廢官乎。○後天。胡豆反。今予以爾有衆奉將天罰將。行也。奉王命。行王誅。謂殺湎淫之身。立其賢子弟。爾衆士同力王室。尚弼予欽承天子威命以天子威命督其士衆。使用命。火炎崐岡。玉石俱焚山脊曰岡。崐山出玉。言火逸而害玉。○崐音昆。天吏逸德。烈于猛火

逸。過也。天王之吏。爲過惡之德。其傷害天下。甚於火之害玉。猛火烈矣。又烈於火

殲厥渠魁脅從罔治殲。滅。渠。大。魁。帥也。指謂羲和罪人之身。其脅從距王師者皆無治。○殲子廉反脅虛業反舊染汙俗咸與惟新言其餘人久染汙俗。本無惡心。皆與更新。一無所問。○汙烏故反。又音烏

嗚呼威克厥愛允濟歎能以威勝所愛。則必有成功愛克厥威允罔功以愛勝威。無以濟衆。信無無功

其爾衆士懋戒哉言當勉以用命。戒以辟戮。○懋音茂辟音避

自契至于成湯八遷十四世。凡八徙國都。○契息列反

湯始居亳從先王居契父帝嚳都亳。湯自商丘遷焉。故曰

從先王居。亳，旁各反。作帝告釐沃告來居。治沃土。二篇皆亡。告，工毒反。釐，力之反。沃，烏酷反。

湯征諸侯為夏方伯。得專征伐。葛伯不祀。湯始征之葛。國。伯。爵也。廢其土地山川及宗廟神祇。皆不祀。湯始伐之。伐始於葛。祇，巨支反。作湯征述始征之義也。亡

伊尹去亳適夏伊尹字氏。湯進於桀。既醜有夏復歸于亳醜惡其政。不能用賢。故退還。復，扶又反。入自北門。乃遇汝鳩汝方鳩。方。二人。湯之賢臣。不期而會曰遇。作汝鳩汝方言所以醜夏而還之意。二篇皆亡

尚書卷第三

尙書卷三考證

禹貢傳出蠙珠美魚○　殿本與汲古閣永懷堂本蠙珠下並有及字

雲土夢作乂○案漢書作雲夢土史記水經註作雲土夢沈括筆談云石經倒土夢字唐太宗得古本尙書乃雲土夢作乂詔從古本

滎波旣豬○閻若璩曰馬鄭王本波並作播伏生今文亦然魏晉閒始作波與漢書同案史記及鄭康成詩譜亦並作播

下土墳壚傳下者壚壚疏○　殿本汲古閣本永懷堂

本並作下者墳壚與此異

至于敷淺原傳一名博陽山○博陽漢書地理志豫章郡歷陵注作傳陽

南至于華陰傳至華山北而東行○而監本及汲古閣永懷堂本並訛至惟　殿本作而與此同

甘誓嗟六事之人傳各有軍事○軍事監本及永懷堂本作軍士訛

胤征傳奉辭罰罪曰征○罰　殿本汲古閣本並作伐惟永懷堂本作罰案罰訓刑罰伐訓征伐二義各別此既率衆往征當從伐字爲是

命掌六師傳掌主六師〔一〕案掌主也謂掌主六師之事

殿本汲古閣本主並作王與此互異義皆通

官師相規傳官師衆官〇官師諸本並作官衆案傳引

經文當從官師若作官衆則下不可更云衆官矣

尚書卷第四

湯誓第一

商書　孔氏傳

伊尹相湯伐桀。升自陑桀都安邑。湯升道從陑。出其不意。陑在河曲之南。○相息亮反 桀其列反 陑音而遂與桀戰于鳴條之野地在安邑之西。桀逆拒湯作湯誓。湯誓戒誓其士衆王曰格爾衆庶悉聽朕言契始封商。湯遂以爲天下號。湯稱王。則比桀於一夫。○格庚白反。來也非台小子。敢行稱亂。有夏多罪。天命殛之稱舉也。舉亂，以諸侯伐天子。非我小子敢行此事。桀有昏德，天命誅之。今順天。〇台，以之反。下同。殛，居力反。今爾有衆，汝曰：我后不恤我衆，舍我穡事，而割正夏。汝，汝有衆。我后，桀也。正，政也。言奪民農功而爲割剥之政。〇恤，荀律反。舍，音捨。予惟聞汝衆言，不憂我衆之言。夏氏有罪，予畏上帝，不敢不正。不敢不正桀罪誅之。今汝其曰：夏罪其如台？今汝其復言桀惡，其亦如我所聞之言。〇復，扶又反。夏王率遏衆力，率割夏邑。言桀君臣相率爲勞役之事以絶衆力，謂廢農功。相率割剥夏之邑居，謂征賦重。〇遏，於葛反，徐音謁。有衆率怠弗協。曰。時日曷喪。予及汝皆亡。衆下相率爲怠惰。不與上和合。比桀於日。曰。是日何時喪。我與汝俱亡。欲殺身以喪桀。○喪息浪反惰徒卧反夏德若茲。今朕必往。凶德如此。我必往誅之爾尚輔予一人。致天之罰。予其大賚汝。賚。與也。汝庶幾輔成我。我大與汝爵賞。○罰音伐賚力代反爾無不信。朕不食言。食盡其言。僞不實爾不從誓言。不用命予則孥戮汝。罔有攸赦。古之用刑。父子兄弟。罪不相及。今云孥戮汝。無有所赦。權以脅之。使勿犯湯既勝夏。欲遷其社。不可。湯承堯舜禪代之後。順天應人。逆取順守。而有慙德。故革

命創制。改正易服。變置社稷。而後世無及句龍者。故不可而止。○社常者反禪時戰反正音征。又如字句音鉤

作夏社疑至臣扈

言夏社不可遷之義。疑至。及臣扈。三篇皆亡○扈音戶

夏師敗績湯遂從之

大崩曰敗績。從。謂逐討之。○績子寂反

遂伐三朡俘厥寶玉

三朡。國名。桀走保之。今定陶也。桀自安邑東入山。出太行。東南涉河。湯緩追之不迫。遂奔南巢。俘取也。玉以禮神。使無水旱之災。故取而寶之。○朡子公反俘音孚行戶剛反

誼伯仲伯作典寶

二臣作典寶一篇。言國之常寶也。亡

仲虺之誥第二 商書 孔氏傳

湯誓

湯歸自夏。至于大坰自三朡而還。大坰。地名。○坰故螢反仲虺作誥爲湯左相。奚仲之後。○虺許鬼反誥故報反○仲虺之誥仲虺。臣名。以諸侯相天子。會同曰誥成湯放桀于南巢。惟有慙德湯伐桀。武功成。故以爲號。南巢。地名。有慙德。慙德不及古曰。予恐來世。以台爲口實恐來世論道我放天子。常不去口仲虺乃作誥陳義誥湯可無慙曰。嗚呼。惟天生民有欲。無主乃亂民無君主。則恣情欲。必致禍亂惟天生聰明時乂言天生聰明。是治民亂有夏昏德。民墜塗炭夏桀昏亂。不恤下民。民之危險。若陷泥墜火。無救之者天乃錫王勇智。表正萬邦。纘禹舊服言天與王勇智。應爲民主。儀表天下。法正萬國。繼禹之功。統其故服。○纘子管反茲率厥典。奉若天命天意如此。但當循其典法。奉順天命而已無所慙夏王有罪。矯誣上天。以布命于下言託天以行虐於民。乃桀之大罪。○矯居表反誣音無帝用不臧。式商受命。用爽厥師天用桀無道故不善之。式用。爽明也。用商受王命。用明其衆。言爲主也簡賢附勢。寔繁有徒簡略也。賢而無勢則略之。不賢有勢則附之。若是者繁多有徒衆。無道之世所常。○繁音煩肇我邦于有夏。若苗之有莠。

若粟之有秕始我商家。國於夏世。欲見翦除。若莠生苗。若秕在粟。恐被鋤治。皷颺。（莠）羊九反。（秕）悲里反。又必覆反。（皷）波我反。（颺）音揚小大戰戰罔不懼于非辜。矧予之德言足聽聞言商家小大憂危。恐其非罪見滅。矧。況也。況我之道德善言足聽聞乎。無道之惡有道。自然理。○（矧）申忍反。（惡）烏路反惟王不邇聲色不殖貨利（邇）近也。不近聲樂。言清簡。不近女色。言貞固。殖。生也。不生資貨財利。言不貪也。既有聖德。兼有此行德懋懋官。功懋懋賞。用人惟已。改過不吝勉於德者。則勉之以官。勉於功者。則勉之以賞。用人之言。若自已出。有過則改。無所吝惜。所以能成王業。○（懋）音茂

（吝）良刃反**克寬克仁。彰信兆民**言湯寬仁之德。明信於天下**乃葛伯仇餉。初征自葛。東征西夷怨。南征北狄怨**葛伯遊行。見農民之餉於田者。殺其人。奪其餉。故謂之仇餉。仇。怨也。湯爲是以不祀之罪伐之。從此後。遂征無道。西夷北狄。舉遠以言。則近者著矣。（仇）音求（餉）式亮反**曰。奚獨後予**怨者辭也**攸徂之民。室家相慶。曰。徯予后。后來其蘇**湯所往之民皆喜曰。待我君來。其可蘇息。（徯）胡啓反**民之戴商。厥惟舊哉**舊。謂初征自葛時**佑賢輔德。顯忠遂良**賢則助之。德則輔之。忠則顯之。良則進之。明王之道**兼弱攻昧。取**

亂侮亡[弱則兼之。闇則攻之。亂則取之。有亡形則侮之。言正義]推亡固存邦乃其昌[有亡道則推而亡之。有存道則輔而固之。王者如此。國乃昌盛]。(推)士雷反德日新萬邦惟懷志自滿九族乃離[日新不懈怠。自滿志盈溢]王懋昭大德建中于民以義制事以禮制心垂裕後昆[欲王自勉明大德。立大中之道於民。率義奉禮。垂優足之道示後世。(中)如字]予聞曰能自得師者王[求賢聖而事之。(王)于況反。又如字]謂人莫已若者亡[自多足。人莫之益。亡之道]好問則裕自用則小[問則有得。所以足。不問專固。所以小。(好)

乾隆四十八年　書四

去聲嗚呼慎厥終惟其始靡不有初。鮮克有終。故戒慎終如其始。○鮮息淺反殖有禮覆昏暴有禮者封殖之。昏暴者覆亡之。○覆芳服反暴蒲報反欽崇天道永保天命王者如此上事。則敬天安命之道

湯誥第三　商書　孔氏傳

湯既黜夏命黜。退也。退其王命復歸于亳作湯誥。湯誥以伐桀大義告天下王歸自克夏至于亳誕告萬方誕。大也。以天命大義告萬方之衆人。○誕音但告工毒反王曰嗟爾萬方有衆明聽予一人誥天子自稱曰予一人。古今同義惟皇上

帝。降衷于下民（皇大。上帝。天也。衷。善也）若有恒性。克綏厥猷惟后（順人有常之性。能安立其道教。則惟爲君之道）夏王滅德作威以敷虐于爾萬方百姓（夏桀滅道德。作威刑。以布行虐政於天下百官。言殘酷）爾萬方百姓。罹其凶害。弗忍荼毒（罹。被。荼毒。苦也。不能堪忍。虐之甚。○罹力之反。荼音徒）竝告無辜于上下神祇（言百姓兆民。竝告無罪。稱冤訴天地）天道福善禍淫。降災于夏。以彰厥罪（政善。天福之。淫過。天禍之。故下災異。以明桀罪惡。譴寤之。而桀不改。○譴遣戰反）肆台小子。將天命明威。不

敢赦行天威。謂誅之。○(台)音怡敢用玄牡。敢昭告于上天
神后。請罪有夏明告天。問桀百姓有何罪而加虐乎。○(牡)茂后反聿
求元聖。與之勠力。以與爾有衆請命聿。遂也。大聖陳
力。謂伊尹。放桀除民之穢。是請命。○(聿)允橘反(勠)舊音六。又力彪反上天孚佑
下民。罪人黜伏孚。信也。天信佑助下民。桀知其罪。退伏遠屛天命
弗僭。賁若草木。兆民允殖僭。差。賁。飾也。言福善禍淫之道不差。
天下惡除。煥然咸飾。若草木同華。民信樂生。○(僭)子念反(賁)彼義反。徐扶云反俾予
一人輯寧爾邦家言天使我輯安汝國家。國。諸侯。家。卿大夫。○(俾)必爾

反。輯音集。又七入反。茲朕未知獲戾于上下此伐桀未知得罪於天地。謙以求衆心。慄慄危懼若將隕于深淵慄慄危心。若墜深淵。危懼之甚。◯慄音栗。隕于敏反。几我造邦無從匪彝無即慆淫戒諸侯與之更始。彝常。慆慢也。無從非常。無就慢過。禁之。◯慆他刀反各守爾典以承天休守其常法。承天美道。爾有善朕弗敢蔽。罪當朕躬。弗敢自赦。惟簡在上帝之心所以不蔽善人。不赦己罪。以其簡在天心故。其爾萬方有罪在予一人自責化不至予一人有罪無以爾萬方無用爾萬方。言非所及。嗚呼！尚克時忱，乃亦有終。忱，誠也。庶幾能是誠道，乃亦有終世之美。○忱，市林反。

咎單作明居。咎單，臣名，主土地之官。作明居民法一篇，亡。○咎，其九反。單，音善。

伊訓第四　商書　孔氏傳

成湯既没，太甲元年，太甲，太丁子，湯孫也。太丁未立而卒，及湯没而太甲立，稱元年。伊尹作伊訓、肆命、徂后。凡三篇，其二亡。

伊訓作訓以教道太甲。

惟元祀十有二月乙丑，伊尹祠于先王，此湯崩踰月，太甲即位，奠殯而告。奉嗣王祗見厥祖。居位

湯誥

主喪。見賢遍反侯甸羣后咸在在位次。甸徒遍反百官總己以聽冢宰伊尹制百官。以三公攝冢宰伊尹乃明言烈祖之成德。以訓于王湯有功烈之祖。故稱焉曰嗚呼古有夏先后方懋厥德。罔有天災先后。稱禹以下。少康以上賢王。言能以德禳災。少詩照反上時掌反山川鬼神亦莫不寧莫。無也。言皆安之暨鳥獸魚鼈咸若雖微物皆順之。明其餘無不順○暨其器反于其子孫弗率。皇天降災。假手于我有命言桀不循其祖道。故天下禍災。借手於我有命商王誅討之造攻自嗚條。朕哉自亳造。哉。皆始也。始攻桀。伐無道。由我始修德于亳。○亳旁各反。徐扶各反惟我商王。布昭聖武。代虐以寬。兆民允懷言湯布明武德。以寬政代桀虐政。兆民以此皆信懷我商王之德。今王嗣厥德。罔不在初言善惡之由。無不在初。欲其愼始立愛惟親。立敬惟長。始于家邦。終于四海言立愛敬之道。始於親長。則家國竝化。終洽四海。○長丁丈反嗚呼。先王肇修人紀。從諫弗咈。先民時若言湯始修爲人綱紀。有過則改。從諫如流。必先民之言是順。○咈扶弗反居上克明言理恕爲下克忠事上竭誠與人不求備。檢身若不及使人必器之。常如不及。恐有過以至于有萬邦。茲惟艱哉言湯操心常危懼。動而無過。以至爲天子。此自立之難敷求哲人。俾輔于爾後嗣布求賢智。使師輔於爾嗣王。言仁及後世制官刑。儆于有位言湯制治官刑法。以儆戒百官。儆居領反曰敢有恆舞于宮。酣歌于室。時謂巫風常舞則荒淫。樂酒曰酣。酣歌則廢德。事鬼神曰巫。言無政。酣戶甘反敢有殉于貨色。恆于遊畋。時謂淫風殉。求也。敢求財貨美色。常遊戲畋獵。是淫過之風俗。殉辭俊反。徐辭荀反畋音田敢有侮聖言。逆忠

乾隆四十八年　書四　九

直遠耆德。比頑童。時謂亂風。狎侮聖人之言而不行。拒逆忠直之規而不納。耆年有德疏遠之。童稚頑嚚親比之。是荒亂之風俗。○遠于萬反 耆巨夷反 比毗志反 惟茲三風十愆。卿士有一于身。家必喪。有一過則德義廢。失位亡家之道○愆去乾反 喪如字。又息浪反 邦君有一于身。國必亡。諸侯犯此。國亡之道 臣下不匡。其刑墨。具訓于蒙士。邦君卿士。則以爭臣自匡正。臣不正君。服墨刑。鑿其額。涅以墨。蒙士。例謂下士。士以爭友僕隸自匡正。○涅乃結反 嗚呼。嗣王祗厥身。念哉。言當敬身念祖德 聖謨洋洋。嘉言孔彰。洋洋。美善也。言甚明可法。〇洋音羊。徐音翔　惟上帝不常。作善降之百祥。作不善降之百殃祥善也。天之禍福。惟善惡所在。不常在一家。爾惟德罔小。萬邦惟慶脩德無小。則天下賚慶。〇賚力代反爾惟不德罔大。墜厥宗苟爲不德無大。言惡有類。以類相致。必墜失宗廟。此伊尹至忠之訓

肆命陳天命以戒太甲。亡　徂后陳往古明君以戒。亡

太甲上第五　商書　孔氏傳

太甲既立不明不用伊尹之訓。不明居喪之禮。伊尹放諸桐湯葬地也。不知朝政。故曰放。〇朝直遙反三年復歸于亳。思庸念常

道伊尹作太甲三篇。太甲戒太甲故以名篇惟嗣王不惠于阿衡阿。倚。衡。平。言不順伊尹之訓。○倚於綺反伊尹作書曰。先王顧諟天之明命。以承上下神祇顧。謂常目在之。諟。是也。言敬奉天命。以承順天地。○顧音故。諟音是。祇巨支反社稷宗廟。罔不祗肅肅。嚴也。言能嚴敬鬼神而遠之。○遠于萬反天監厥德。用集大命。撫綏萬方監。視也。天視湯德。集王命於其身。撫安天下。○監工暫反惟尹躬克左右厥辟宅師伊尹言能助其君。居業天下之衆。○辟必亦反。左右去聲肆嗣王丕承基緒肆。故也。言先祖勤德。

致有天下。故子孫得大承基業。宜念祖修德。丕普悲反惟尹躬先見于西邑夏自周有終相亦惟終。周。忠信也。言身先見夏君臣用忠信有終。夏都在亳西。先見並如字。注同。相息亮反其後嗣王罔克有終相亦罔終。言桀君臣滅先人之道德。不能終其業以取亡嗣王戒哉祗爾厥辟辟不辟忝厥祖。以不終爲戒愼之至。敬其君道則能終。忝辱也。爲君不君。則辱其祖王惟庸罔念聞。言太甲守常不改。無念聞伊尹之戒伊尹乃言曰先王昧爽丕顯坐以待旦。爽。顯。皆明也。言先王昧明思大明其德。坐以待旦而行之。昧音妹旁求俊彥。啓迪後人旁。非一方。美士曰彥。開道後人。言訓戒。迪大歷反無越厥命以自覆越。墜失也。無失亡祖命而不勤德以自顚覆。越于月反覆芳服反愼乃儉德。惟懷永圖言當以儉爲德。思長世之謀若虞機張。往省括于度則釋機。弩牙也。虞。度也。度機。機有度以準望。言修德。夙夜思之。明旦行之。如射先省矢括于度。釋則中。省息井反括故活反度如字。註虞度待洛反中丁仲反欽厥止。率乃祖攸行止。謂行所安止。君止於仁。子止於孝。惟朕以懌。萬世有辭言能循汝祖所行。則我喜悅。王亦見歎美無窮。懌音亦王未克變未能變。不用訓。太甲性輕脫。伊尹至

太甲上

忠。所以不已○輕遣政反伊尹曰。茲乃不義習與性成言習行不義。將成其性予弗狎于弗順營于桐宮密邇先王其訓。無俾世迷狎。近也。經營桐墓立宮。令太甲居之。近先王則訓於義。無成其過。不使世人迷惑怪之王徂桐宮。居憂往入桐宮居憂位克終允德言能思念其祖。終其信德

太甲中第六　商書　孔氏傳

惟三祀。十有二月朔湯以元年十一月崩。至此二十六月。三年服闋○闋苦穴反伊尹以冕服。奉嗣王歸于亳冕。冠也。踰月即

吉服。冕音免作書曰。民非后。罔克胥匡以生。無能相匡。故須君以生后非民。罔以辟四方。須民以君四方皇天眷佑有商。俾嗣王克終厥德。實萬世無疆之休。言王能終其德。乃天之顧佑商家。是商家萬世無窮之美。○疆居良反王拜手稽首曰。予小子不明于德。自厎不類。君而稽首於臣謝前過。類。善也。闇於德。故自致不善。○厎之履反欲敗度。縱敗禮。以速戾于厥躬。速。召也。言己放縱情欲。毀敗禮儀法度。以召罪於其身。○敗必邁反。縱子用反。戾郎計反天作孽。猶可違。自作孽。不可逭孽。烖。逭。逃也。言天烖可避。自作烖不可逃。○孽魚列反逭胡亂反既往背師保之訓弗克于厥初尚賴匡救之德圖惟厥終言已已往之前。不能修德於其初。今庶幾賴教訓之德。謀終於善。悔過之辭。○背音佩。徐扶代反伊尹拜手稽首拜手。首至手曰修厥身允德協于下惟明后言修其身。使信德合於羣下。惟乃明君先王子惠困窮民服厥命罔有不悅言湯子愛困窮之人。使皆得其所。故民心服其教令。無有不忻喜竝其有邦厥鄰乃曰徯我后后來無罰湯俱與鄰竝有國。鄰國人乃曰待我君來。言忻戴。君來無罰。言仁惠。徯胡啓反○王懋乃德。視乃厥祖。無時豫怠。言當勉修其德。法視其祖而行之。無爲是逸豫怠惰。奉先思孝。接下思恭。以念祖德爲孝。以不驕慢爲恭。視遠惟明。聽德惟聰。言當以明視遠。以聰聽德。朕承王之休無斁。王所行如此。則我承王之美無厭。○斁音亦

太甲下第七　商書　孔氏傳

伊尹申誥于王曰。嗚呼。惟天無親。克敬惟親。言天於人。無有親疏。惟親能敬身者。民罔常懷。懷于有仁。民所歸無

常。以仁政為常鬼神無常享。享于克誠言鬼神不保一人。能誠信者則享其祀天位艱哉言居天子之位難。以此三者德惟治。否德亂為政以德則治。不以德則亂與治同道罔不興。與亂同事罔不亡言安危在所任。治亂在所法終始慎厥與惟明明后明慎其所與治亂之機。則為明王明君先王惟時懋敬厥德。克配上帝言湯惟是終始所與之難。勉修其德。能配天而行之今王嗣有令緒。尚監茲哉令。善也。繼祖善業。當夙夜庶幾視祖此配天之德而法之若升高必自下。若陟遐必自邇言善政有漸。如登高升遠。必用下近。爲始。然後終致高遠**無輕民事。惟難**無輕爲力役之事。必重難之乃可**無安厥位。惟危**言當常自危懼。以保其位**慎終于始**於始慮終。於終思始。**有言逆于汝心。必求諸道**人以言咈違汝心。必以道義求其意。勿拒逆之**有言遜于汝志。必求諸非道**遜。順也。言順汝心。必以非道察之。勿以自臧**嗚呼。弗慮胡獲。弗爲胡成。一人元良。萬邦以貞**胡。何。貞。正也。言常念慮道德則得道德。念爲善政則成善政。一人。天子。天子有大善。則天下得其正**君罔以辯言亂舊政**利口覆國家故特慎焉**臣罔以寵利居**

成功成功不退。其志無限。故爲之極以安之邦其永孚于休言君臣各以其道。則國長信保於美

咸有一德第八　商書　孔氏傳

伊尹作咸有一德言君臣皆有純一之德。以成太甲咸有一德即政之後。恐其不一。故以戒之伊尹既復政厥辟還政太甲將告歸。乃陳戒于德告老歸邑。陳德以戒。曰嗚呼天難諶。命靡常以其無常。故難信○諶音市林反常厥德保厥位。厥德匪常。九有以亡人能常其德則安其位。九有諸侯。桀不能常其德。湯

伐而兼之。夏王弗克庸德。慢神虐民。言桀不能常其德。不敬神明。不恤下民。皇天弗保。監于萬方。啓迪有命。言天不安桀所爲。廣視萬方。有天命者開道之。眷求一德。俾作神主。天求一德。使代桀爲天地神祇之主。惟尹躬暨湯。咸有一德。克享天心。受天明命。享。當也。所征無敵。謂之受天命。以有九有之師。爰革夏正。爰。於也。於得九有之衆。遂伐夏勝之。改其正。非天私我有商。惟天佑于一德。非天私商而王之。佑助一德所以王。○王于況反。下同。非商求于下民。惟民歸于一德。非商以力求民。

民自歸于一德。德惟一。動罔不吉。德二三。動罔不凶。二三。言不一。惟吉凶不僭在人。惟天降災祥在德。行善則吉。行惡則凶。是不差。德一。天降之善。不一。天降之災。是在德。○僭子念反今嗣王新服厥命。惟新厥德。其命。王命。新其德。戒勿怠。終始惟一。時乃日新。言德行終始不衰殺。是乃日新之義。○行下孟反殺色界反任官惟賢材。左右惟其人。官賢材而任之。非賢材不可任。選左右必忠良。不忠良。非其人。臣為上為德。為下為民。言臣奉上布德。順下訓民。不可官所私。任非其人。○為上。于偽反。下為民同。為德。上如字。下為下同。

徐皆于僞反其難其愼。惟和惟一其難。無以爲易。其愼。無以輕之。羣臣當和一心以事君。政乃善。○易以豉反德無常師。主善爲師。德非一方。以善爲主乃可師善無常主。協于克一。言以合於能一爲常德俾萬姓咸曰。大哉王言一德之言。故曰大又曰。一哉王心能一德則一心克綏先王之祿。永底烝民之生言爲王而令萬姓如此。則能保安先王之寵祿。長致衆民所以自生之道。是明王之事。○烝之承反嗚呼。七世之廟。可以觀德天子立七廟。有德之王。則爲祖宗。其廟不毀。故可觀德萬夫之長。可以觀政能整齊萬夫。其政可知。○長丁丈反后非民罔使。民非后罔事。君以使民自尊。民以事君自生無自廣以狹人。匹夫匹婦不獲自盡。民主罔與成厥功上有狹人之心。則下無所自盡矣。言先盡其心。然後乃能盡其力。人君所以成功。○狹戶夾反盡徐子忍反沃丁既葬伊尹于亳沃丁。太甲子。伊尹既致仕老終。以三公禮葬。○沃烏毒反。徐於毒反咎單遂訓伊尹事訓暢其所行功德之事作沃丁咎單。忠臣名。作此篇以戒也。亡伊陟相太戊伊陟。伊尹子。太戊沃丁弟之子。○陟張力反相息亮反亳有祥桑穀共生于朝祥。妖怪。二木合生。七日大拱。不恭之罰。○桑蘇濊反穀工木反。楮也。朝直遙反伊陟贊于巫咸作咸乂四篇贊告也。巫咸臣名。皆亡太戊贊于伊陟告以改過自新作伊陟原命原。臣名。原命。伊陟。二篇皆亡仲丁遷于囂太戊子。夫亳。囂。地名。○囂五羔反作仲丁陳遷都之義。亡河亶甲居相仲丁弟。相。地名。在河北○亶丁但反相息亮反作河亶甲亡祖乙亶甲子。圮於相。遷於耿。河水所毀[illegible]○圮備美反。徐扶鄙反作祖

卷第四

咸有德

舉人臣金應瓊敬書

尚書卷四考證

湯誓傳戒誓其正衆○其　殿本汲古閣永懷堂諸本並作湯案文義若作湯字應在戒誓二字之上今在戒誓下應從其字爲安

湯遂從之傳從謂逐討之○案逐字正釋從字之義卽春秋左氏傳晉師從齊師意也不必依諸本改作遂討

仲虺之誥序至于大坰仲虺作誥○案大坰史記作泰卷仲虺史記作中䴉荀子作中蘬大戴作仲傀

附序仲丁遷于囂○囂史記作隞

卷第五

盤庚上第九　商書　孔氏傳

盤庚五遷將治亳殷自湯至盤庚凡五遷都。盤庚治亳殷。民咨胥怨胥，相也。民不欲徙，乃咨嗟憂愁，相與怨上。○胥，思餘反。作盤庚三篇。盤庚，殷王名。殷，質，以名篇。

盤庚遷于殷，亳之別名。民不適有居，適，之也。不欲之殷有邑居。率籲衆慼出矢言，籲，和也。率和衆憂之人，出正直之言。○籲，音喻。慼，千歷反。曰：我王來，既爰宅于茲，我王，祖乙。祖乙居耿。爰，於也。言祖乙已居於此。重我民，無盡劉。劉，殺也。所

乾隆四十八年 書五 一

以遷此。重我民無欲盡殺故。盡子忍反不能胥匡以生。卜稽曰。其如台言民不能相匡以生。則當卜考于龜以從。曰。其如我所行。稽工兮反台音怡先王有服。恪謹天命。茲猶不常寧。先王有所服行。敬謹天命。如此尚不常安。有可遷輒遷不常厥邑。于今五邦。湯遷亳。仲丁遷囂。河亶甲居相。祖乙居耿。我往居亳。凡五徙國都今不承于古。罔知天之斷命。今不承古而徙。是無知天將斷絕汝命。斷音短矧曰其克從先王之烈。天將絕命。尚無知之。況能從先王之業乎。從才容反若顛木之有由蘖言今往遷都。更求昌盛。如顛仆之木有用生蘖哉蘖五達反○天其永我命于茲新邑言天其長我命於此新邑。不可不從紹復先王之大業厎綏四方言我徙欲如此○厎之履反盤庚斅于民由乃在位以常舊服正法度斅。教也。教人使用汝在位之命。用常故事正其法度。○斅戶教反度如字曰。無或敢伏小人之攸箴言無有敢伏絕小人之所欲箴規上者。戒朝臣。○箴之林反王命衆悉至于庭衆。羣臣以下王若曰。格汝衆。予告汝訓告汝以法教汝猷黜乃心。無傲從康謀退汝違上之心。無傲慢從心所安。○傲五報反古我先王亦

乾隆四十八年 書九 二

惟圖任舊人共政先王謀任久老成人。共治其政。○任而鴆反王播告之修。不匿厥指王布告人以所修之政。不匿其指。○播波餓反匿女力反王用丕欽。罔有逸言。民用丕變王用大敬其政教。無有逸豫之言。民用大變從化今汝聒聒。起信險膚。予弗知乃所訟聒聒。無知之貌。起信險偽膚受之言。我不知汝所訟言何謂。○聒故活反非予自荒茲德。惟汝含德。不惕予一人。予若觀火我之欲從。非廢此德。汝不從我命。所含惡德。但不畏懼我耳。我視汝情如視火。○惕他歷反予亦拙謀作。乃逸逸。過也。我不威脅汝徙。是我拙謀戚汝過若網在綱，有條而不紊；若農服田力穡，乃亦有秋。紊，亂也。穡，耕稼也。下之順上，當如網在綱，各有條理而不亂也。農勤穡則有秋。下承上則有福。○紊音問汝克黜乃心，施實德于民，至于婚友，丕乃敢大言汝有積德。汝羣臣能退汝違上之心。施實德於民。至于婚姻僚友。則我大乃敢言汝有積德之臣乃不畏戎毒于遠邇，惰農自安，不昏作勞，不服田畝，越其罔有黍稷。戎，大。昏，强。越，於也。言不欲徙，則是不畏大毒於遠近，如怠惰之農。苟自安逸。不强作勞於田畝。則黍稷無所有。○昏音敏强其丈反汝不和吉言于百姓。惟汝自生毒。責公卿不能和喻百官。是自生毒害。乃敗禍姦宄。以自災于厥身。言汝不相率共徙。是爲敗禍姦宄。以自災之道。○宄音軌。乃既先惡于民。乃奉其恫。汝悔身何及。羣臣不欲徙。是先惡於民。恫。痛也。不徙。則禍毒在汝身。徙奉持所痛而悔之。則於身無所及。○奉孚勇反。注同。恫勑動反。又音通。相時憸民。猶胥顧于箴言。其發有逸口。矧予制乃短長之命。言憸利小民。尚相顧於箴誨。恐其發動有過口之患。況我制汝死生之命。而汝不相教從我。是不若小民。○相息亮反。馬云。視也。徐息羊反。憸息廉反。徐七漸反。汝曷弗告朕。而胥動以浮言。恐沈于衆暨何也。責其不以情告上。而相恐動以浮言。不徙。恐汝沈溺於衆有禍害。○暨何末反若火之燎于原。不可嚮邇。其猶可撲滅火炎不可嚮近。尚可撲滅。浮言不可信用。尚可刑戮絕之。○燎力召反。又力鳥反　嚮許亮反　撲普卜反則惟汝衆自作弗靖。非予有咎我刑戮汝。非我咎也。靖謀也。是汝自爲非謀所致遲任有言曰。人惟求舊。器非求舊。惟新遲任。古賢。言人貴舊。器貴新。汝不徙。是不貴舊。○遲直疑反　任而金反古我先王暨乃祖乃父。胥及逸勤。予敢動用非罰言古之君臣。相與同勞逸。子孫所宜法之。我豈敢動用非常之罰脅汝乎。世選爾勞。予不掩爾善。選。數也。言我世世數汝功勤。不掩蔽汝善。是我忠於汝。㊣選息轉反。又蘇管反。㊣數色主反。茲予大享于先王。爾祖其從與享之。古者天子錄功臣。配食於廟。大享烝嘗也。所以不掩汝善。○㊣與音預。作福作災。予亦不敢動用非德。善自作福。惡自作災。我不敢動用非罰加汝。非德賞汝乎。從汝善惡而報之。予告汝于難。若射之有志。告汝行事之難。當如射之有所準志。必中所志乃善。○㊣射食夜反。汝無侮老成人。無弱孤有幼。不用老成人之言。是侮老人。不徙則孤幼受害。是弱易之。

○侮亡甫反各長于厥居，勉出乃力，聽予一人之作猷。盤庚勑臣下各思長於其居，勉盡心出力，聽從遷徙之謀。○各長丁丈反無有遠邇，用罪伐厥死，用德彰厥善。言遠近待之如一。罪以懲之，使勿犯；伐去其死道。德以明之，使勸慕競爲善。○去羌呂反邦之臧，惟汝衆；有善則衆臣之功。○臧子郎反邦之不臧，惟予一人有佚罰。佚，失也。是已失政之罰，罪已之義。○佚音逸凡爾衆，其惟致告：致我誠，告汝衆。自今至于後日，各恭爾事，齊乃位，度乃口。奉其職事，正齊其位，以法度居汝口，勿浮言。○度如字罰及爾

身弗可悔。不從我謀。罰及汝身。雖悔可及乎

盤庚中第十　商書　孔氏傳

盤庚作惟涉河。以民遷。爲此南渡河之法。用民徙乃話民

之弗率。誕告用亶其有衆。話。善言。民不循教。發善言大告用誠

于衆。話胡快反。亶丁但反咸造勿褻在王庭。造。至也。衆皆至王庭。

無褻慢。造七報反。馬在早反。褻息列反盤庚乃登進厥民。升進。命使

前。曰。明聽朕言。無荒失朕命。荒。廢。嗚呼。古我前

后。罔不惟民之承。言我先世賢君。無不承安民而恤之保后胥

慼。鮮以不浮于天時民亦安君之政。相與憂行君令。浮。行也。少以不行於天時者。言皆行天時。○鮮息淺反殷降大虐。先王不懷我殷家於天降大災。則先王不思故居而行徙厥攸作。視民利用遷其所爲。視民有利則用徙汝曷弗念我古后之聞古后先王。之聞。謂遷事。○曷何末反承汝俾汝。惟喜康共。非汝有咎比于罰令我法先王。惟民之承。故承汝使汝徙。惟與汝共喜安。非謂汝有惡徙汝。令比近於殃罰。○咎其九反。比毗志反。徐扶至反。共羣用反。令力呈反予若籲懷茲新邑。亦惟汝故。以丕從厥志言我順和懷此新邑。欲利汝衆故。大從其志而徙之。○籲羊戍反今予將試以汝遷。安定厥邦用試。汝不憂朕心之攸困所困。不順上命乃咸大不宣乃心。欽念以忱動予一人汝皆大不布腹心。敬念以誠感動我。是汝不盡忠。○忱市林反爾惟自鞠自苦鞠，窮也。言汝爲臣不忠。自取窮苦。○鞠居六反若乘舟汝弗濟。臭厥載言不徙之害。如舟在水。中流不渡。臭敗其所載物。○臭尺售反載如字。又在代反爾忱不屬。惟胥以沈。不其或稽。自怒曷瘳汝忠誠不屬逮古。苟不欲徙。相與沈溺。不考之先王。禍至自怒。何瘳差乎。○屬音燭沈直林反瘳敕留反汝不謀長。以思乃災。汝誕勸憂汝不謀長久之計。思汝不從之災。苟不欲徙。是大勸憂之道今其有今罔後。汝何生在上言不徙。無後計。汝何得久生在人上。禍將及汝今予命汝一。無起穢以自臭我一心命汝。汝違我是自臭敗。○穢於廢反恐人倚乃身迂乃心言汝既不欲徙。又爲他人所誤。倚。曲。迂。僻。○倚於綺反。徐於奇反。迂音于予迓續乃命于天予豈汝威用奉畜汝衆迓。迎也。言我徙。欲迎續汝命于天。豈以威脅汝乎。用奉畜養汝衆。○迓五駕反。畜許竹反。下同予念我先神后之勞爾先。予丕克羞爾用懷爾然言我亦法湯大能進勞汝。以義懷汝心。而汝違我。是汝反先人。○勞力報反。又如字失于政陳于茲高后丕乃崇降罪疾曰曷虐朕民崇重也。今既失政。而陳久於此而不徙。湯必大重下罪疾於我曰。何爲虐我民而不徙乎。○重直勇反。又直恭反汝萬民乃不生生暨予一人猷同心不進進謀同心徙先后丕降與汝罪疾曰曷不暨朕幼孫有比言非但罪我。亦將罪汝。幼孫。盤庚自謂。比。同心故有爽德自上其罰汝汝罔能迪湯有明德在天。見汝情。下罰汝。汝無能道。言無辭古我先后既勞乃祖乃父勞之共治人。汝共作我畜民，汝有戕則在乃心。戕，殘也。汝共我治民，有殘人之心而不欲徙，是反父祖之行。○戕，在良反，又七良反。我先后綏乃祖乃父，乃祖乃父乃斷棄汝，不救乃死。言我先王安汝父祖之忠，今汝不忠，汝父祖必斷絕棄汝命，不救汝死。○斷，丁緩反。茲予有亂政同位，具乃貝玉。亂，治也。此我有治政之臣同位於父祖，不念盡忠，但念貝玉而已，言其貪。乃祖先父丕乃告我高后曰：作丕刑于朕孫。言汝父祖見汝貪而不忠，必大乃告湯曰：作大刑於我子孫，求討不忠之罪。○告，工號反。迪高后丕乃崇降弗祥。言汝父祖

乾隆四十八年

開道湯大重下不善以罰汝陳忠孝之義以督之嗚呼今予告汝不易凡所言皆不易之事○易以豉反永敬大恤無胥絕遠長敬我言大憂行之無相與絕遠棄廢之○遠于萬反又如字汝分猷念以相從各設中于乃心羣臣當分明相與謀念和以相從各設中正於汝心○分扶問反又如字乃有不吉不迪不善不道謂凶人顛越不恭暫遇姦宄顛隕越墜也不恭不奉上命暫遇人而劫奪之為姦於外為宄於內○隕于敏反○暫才淡反我乃劓殄滅之無遺育無俾易種于茲新邑劓割育長也言不善之人當割絕滅之無遺長其類無使

易種於此新邑。○劓魚器反。徐吾氣反。殄徒典反。易如字。又以豉反。往哉生生。今予將試以汝遷永建乃家。自今已往。進進於善。我用以汝徙。長立汝家。卿大夫稱家。

盤庚下第十一　商書　孔氏傳

盤庚既遷。奠厥攸居。乃正厥位。定其所居。正郊廟朝社之位。○奠田薦反綏爰有衆。曰。無戲怠。懋建大命。安於有衆。戒無戲怠。勉立大教。今予其敷心腹腎腸。歷告爾百姓于朕志。布心腹。言輸誠於百官以告志。○腎時忍反罔罪爾衆。爾無共怒協比讒言予一人羣臣前有此過故禁其後。令我不罪汝。汝勿共怒我。合比凶人而妄言。○比毗志反讒仕咸反古我先王將多于前功言以遷徙多大前人之功美適于山用降我凶德。嘉績于朕邦徙必依山之險。無城郭之勞。下去凶惡之德。立善功於我國。○降工巷反。徐下江反今我民用蕩析離居罔有定極水泉沈溺。故蕩析離居。無安定之極。徙以爲之極。○析先歷反爾謂朕曷震動萬民以遷言皆不明己本心肆上帝將復我高祖之德。亂越我家以徙故。天將復湯德。治理於我家朕及篤敬恭承民命。用永地于新邑。言我當與厚敬之臣。奉承民命。用長居新邑。肆予沖人。非廢厥謀。弔由靈。沖。童。童人。謙也。弔。至。靈。善也。非廢。謂動謀於衆。至用其善。○弔音的。或如字。各非敢違卜。用宏茲賁。宏。賁。皆大也。君臣用謀。不敢違卜。用大此遷都大業。○賁扶云反。嗚呼。邦伯師長百執事之人。尚皆隱哉。國伯。二伯及州牧也。衆長。公卿也。言當庶幾相隱括。共爲善政。○長丁丈反。予其懋簡相爾。念敬我衆。簡。大。相。助也。勉大助汝。念敬我衆民。○相息亮反。朕不肩好貨。敢恭生生。鞠人謀人之保居敘欽。肩。任也。我不任貪貨之人。敢奉用進進於善者。人之窮困。能謀安其居者。則我式序而敬之。○好呼報反任而林反今我既羞告爾于朕志。若否罔有弗欽已進告汝之後。順於汝心與否。當以情告我。無敢有不敬。○告故報反無總于貨寶。生生自庸無總貨寶以求位。當進進皆自用功德式敷民德。永肩一心用布示民。必以德義。長任一心以事君

說命上第十二　商書　孔氏傳

高宗夢得說盤庚弟小乙子。名武丁。德高可尊。故號高宗。夢得賢相。其名曰說。○說音悅。下同使百工營求諸野。得諸傅巖使百官以

所夢之形象。經營求之於外野。得之於傅巖之谿作說命三篇命說爲相。使攝政

說命始求得而命之

王宅憂亮陰三祀陰。默也。居憂信默。三年不言既免喪其惟弗言除喪猶不言政羣臣咸諫于王曰。嗚呼。知之曰明哲。明哲實作則知事則爲明智。明智則能制作法則天子惟君萬邦。百官承式天下待令。百官仰法王言惟作命。不言臣下罔攸稟令稟。受。令亦命也王庸作書以誥曰。以台正于四方。台恐德弗類。茲故弗言用臣下怪之。故作誥。類。善也。我正四方。恐德不善。此故不

言。○詁，故報反。台，音怡。恭默思道，夢帝賚予良弼，其代予言。夢天與我輔弼良佐。將代我言政教。○賚，力代反。徐音來。乃審厥象。俾以形旁求于天下。審所夢之人，刻其形象。以四方旁求之於民間。說築傅巖之野，惟肖。傅氏之巖，在虞虢之界。通道所經，有澗水壞道，常使胥靡刑人築護此道。說賢而隱，代胥靡築之以供食。肖，似。似所夢之形。○肖，音笑。壞，音怪。爰立作相，王置諸其左右。於是禮命立以爲相，使在左右。命之曰：朝夕納誨，以輔台德。言當納諫誨直辭以輔我德。○朝，張遥反。若金，用汝作礪。鐵須礪以成利器。○礪，力世反。若濟巨川用汝作舟楫渡大水待舟楫○楫音接若歲大旱用汝作霖雨霖三日雨霖以救旱啓乃心沃朕心若藥弗瞑眩厥疾弗瘳開汝心以沃我心如服藥必瞑眩極其病乃除欲其出切言以自警○瞑莫遍反眩穴絹反徐呼縣反瘳勑留反若跣弗視地厥足用傷跣必視地足乃無害言欲使爲己視聽○跣先典反爲于僞反惟曁乃僚罔不同心以匡乃辟與汝竝官皆當倡率無不同心以匡正汝君○辟必亦反俾率先王迪我高后以康兆民言匡正汝君使循先王之道蹈成湯之蹤以安天下嗚呼欽予時命其惟有

終。敬我是命。修其職使有終。說復于王曰。惟木從繩則正。后從諫則聖。言木以繩直。君以諫明。后克聖。臣不命其承。君能受諫。則臣不待命。其承意而諫之。疇敢不祗若王之休命。言王如此。誰敢不敬順王之美命而諫有乎。

說命中第十三　商書　孔氏傳

惟說命總百官。在冢宰之任。乃進于王曰。嗚呼。明王奉若天道。建邦設都。天有日。月。北斗。五星。二十八宿。皆有尊卑相正之法。言明王奉順此道。以立國設都。○宿音秀。樹后王君公。承以大夫師長言立君臣上下。將陳爲治之本。故先舉其始。○王于方反不惟逸豫。惟以亂民不使有位者逸豫民上。言立之主使治民。○豫羊慮反

惟天聰明。惟聖時憲。惟臣欽若。惟民從乂憲法也。言聖王法天以立教。臣敬順而奉之。民以從上爲治。○從才容反惟口起羞。

惟甲冑起戎甲。鎧。冑。兜鍪也。言不可輕教令。易用兵。○冑直又反惟衣裳在笥。惟干戈省厥躬言服不可加非其人。兵不可任非其才。○笥息嗣反省息井反

王惟戒茲。允茲克明。乃罔不休言王戒慎此四惟之事。信能明。政乃無不美。惟治亂在庶官言所官得人則

治。失人則亂官不及私昵。惟其能不加私昵。惟能是官。○昵女乙反爵罔及惡德。惟其賢言非賢不爵慮善以動。動惟厥時非善非時。不可動有其善。喪厥善。矜其能。喪厥功雖天子。亦必讓以得之。○喪息浪反惟事事。乃其有備。有備無患事事。非一事無啓寵納侮開寵非其人。則納侮之道無恥過作非恥過誤而文之。遂成大非惟厥攸居。政事惟醇其所居行皆如所言。則王之政事醇粹。○醇音純黷于祭祀。時謂弗欽。禮煩則亂。事神則難祭不欲數。數則黷。黷則不敬。事神禮煩則

亂而難行。高宗之祀，特豐數近廟，故説因以戒之。○黷，徒木反。數，色角反。王曰：旨

哉説。乃言惟服。旨，美也。美其所言皆可服行。乃不良于言。

予罔聞于行。汝若不善於所言，則我無聞於所行之事。説拜稽首

曰：非知之艱，行之惟艱。言知之易，行之難，以勉高宗。王忱

不艱，允協于先王成德。王心誠不以行之爲難，則信合於先王成

德。惟説不言有厥咎。王能行善而説不言，則有其咎罪。

説命下第十四　商書　孔氏傳

王曰：來汝説，台小子舊學于甘盤。學先王之道。甘盤，殷

賢臣有道德者。台音怡既乃遯于荒野。入宅于河既學而中廢業。遯居田野。河。洲也。其父欲使高宗知民之艱苦。故使居民間。遯徒頓反自河徂亳。暨厥終罔顯自河往居亳。與今其終。故遂無顯明之德爾惟訓于朕志言汝當教訓於我。使我志通達若作酒醴。爾惟麴櫱酒醴須麴櫱以成。亦言我須汝以成。麴起六反櫱魚列反若作和羹。爾惟鹽梅鹽。鹹。梅。醋。羹須鹹醋以和之。羹音庚鹽余廉反醋七故反和如字。又胡卧反爾交修予。罔予弃。予惟克邁乃訓交。非一之義。邁。行也。言我能行汝教說曰。王人求多聞。時惟建事。學于古訓。乃有獲王者求多聞以立事。學於古訓。乃有所得事不師古。以克永世。匪說攸聞事不法古訓。而以能長世。非說所聞。言無是道惟學遜志。務時敏。厥修乃來學以順志。務是敏疾。其德之修。乃來允懷于茲。道積于厥躬信懷此學志。則道積於其身惟斅學半。念終始典于學。厥德修罔覺斅。敎也。敎然後知所困。是學之半。終始常念學。則其德之修。無能自覺。○斅戶孝反監于先王成憲。其永無愆愆。過也。視先王成法。其長無過。其惟學乎。○愆起虔反惟說式克欽承。旁招俊乂。列于庶位言王能志學。說亦用能敬承王志，廣招俊乂，使列衆官。王曰：嗚呼！說。四海之內，咸仰朕德，時乃風。風，教也。使天下皆仰我德，是汝教。○仰如字，徐五亮反。股肱惟人，良臣惟聖。手足具乃成人，有良臣乃成聖。昔先正保衡，作我先王。保衡，伊尹也。作，起。正，長也。言先世長官之臣。○長丁丈反。乃曰：予弗克俾厥后惟堯舜，其心愧恥，若撻于市。言伊尹不能使其君如堯舜，則恥之，若見撻于市，故成其能。○撻他達反。一夫不獲，則曰時予之辜。伊尹見一夫不得其所，則以爲己罪。佑我烈祖，格于皇天。言以此道左右成湯，功至大天，無能及者。

說命下

爾尚明保予。罔俾阿衡專美有商汝庶幾明安我事。則與伊尹同美○阿烏何反惟后非賢不乂。惟賢非后不食言君須賢治。賢須君食其爾克紹乃辟于先王。永綏民能繼汝君於先王。長安民。則汝亦有保衡之功。○辟必亦反說拜稽首曰敢對揚天子之休命對。荅也荅受美命而稱揚之

高宗肜日第十五　商書　孔氏傳

高宗祭成湯。有飛雉升鼎耳而雊耳不聰之異。雊。鳴。○雊工豆反祖己訓諸王賢臣也。以訓道諫王。○已音紀作高宗肜

日。高宗之訓。所以訓也。亡○肜音融高宗肜日祭之明日又祭。殷曰肜。周曰繹。高宗肜日。越有雊雉於肜日有雊雉異祖己曰。惟先格王正厥事言至道之王遭變異。正其事而異自消乃訓于王曰。惟天監下民。典厥義祖己既言。遂以道訓諫王。言天視下民。以義爲常降年有永有不永。非天夭民。民中絕命言天之下年與民。有義者長。無義者不長。非天欲夭民。民自不修義以致絕命○中下仲反。又如字民有不若德。不聽罪。天既孚命正厥德不順德。言無義。不服罪。不改修。已信命正其德。謂有永有不永乃曰。

其如台祖已恐王未受其言。故乃復曰。天道其如我所言。○台音怡復扶又反

嗚呼王司敬民罔非天胤典祀無豐于昵胤嗣。昵近也。歎以感王。入其言。王者主民。當敬民事。民事無非天所嗣。常也。祭祀有常。不當特豐於近廟。欲王因異服罪。改修之。○豐芳弓反昵女乙反

西伯戡黎第十六　商書　孔氏傳

殷始咎周咎惡。○咎其九反周人乘黎乘勝也。所以見惡祖伊恐祖已後。賢臣奔告于受受紂也。音相亂。帝乙之子。嗣立。暴虐無道○受如字作西伯戡黎戡亦勝也○戡音堪西伯戡黎西伯

既戡黎近王圻之諸侯。在上黨東北。○圻巨衣反祖伊恐。奔告于王曰。天子。天既訖我殷命文王率諸侯以事紂。內秉王心。紂不能制。今又克有黎國。迫近王圻。故知天已畢訖殷之王命。言將化爲周。○王心。去聲。下注王者同格人元龜。罔敢知吉至人以人事觀殷。大龜以神靈考之。皆無知吉非先王不相我後人。惟王淫戲用自絕非先祖不助子孫。以王淫過戲怠。用自絕於先王。○相息亮反故天棄我。不有康食。不虞天性。不迪率典以紂自絕於先王。故天亦棄之。宗廟不有安食於天下。而王不度知天性命所在。而所行不蹈循常法。言多罪。○度待洛

反
今我民罔弗欲喪。曰。天曷不降威。大命不摯。今王其如台摯。至也。民無不欲王之亡。言天何不下罪誅之。有大命宜王者。何以不至。王之凶害。其如我所言。○摯音至王曰。嗚呼。我生不有命在天言我生有壽命在天。民之所言。豈能害我。遂惡之辭祖伊反曰。嗚呼。乃罪多參在上。乃能責命于天反。報紂也。言汝罪惡衆多。參列於上天。天誅罰汝。汝能責命于天。拒天誅乎。○參七南反殷之即喪。指乃功。不無戮于爾邦言殷之就亡。指汝功事所致。汝不得無死戮於殷國。必將滅亡。立可待

乾隆四十八年　書五　十八

微子第十七　商書　孔氏傳

殷既錯天命錯，亂也。(錯)七各反微子作誥父師少師告二師而去紂。○(少)詩照反微子微，圻內國名。子，爵。爲紂卿士。去無道微子若曰父師少師父師，太師，三公箕子也。少師，孤卿比干。微子以紂距諫，知其必亡。順其事而言之殷其弗或亂正四方或，有也。言殷其不有治正四方之事。將必亡我祖底遂陳于上言湯致遂其功，陳列於上世我用沈酗于酒用亂敗厥德于下我，紂也。沈湎酗醟。敗亂湯德於後世。○(沈)直金反(酗)況具反。以酒爲凶曰酗。(湎)面善反(醟)音詠殷罔不小大。好草竊姦宄草野竊盜。又爲姦宄於外內。○好呼報反宄音軌卿士師師非度。凡有辜罪。乃罔恒獲六卿典士。相師效爲非法度。皆有辜罪。無秉常得中者。○度如字小民方興。相爲敵讎卿士既亂。而小人各起一方。共爲敵讎。言不和同。○讎市周反今殷其淪喪。若涉大水。其無津涯淪没也。言殷將没亡。如涉大水無涯際。無所依就。○淪音倫。徐力允反喪息浪反涯五佳反殷遂喪。越至于今言遂喪亡。於是至於今到不待久曰。父師少師。我其發出狂。吾家耄遜于荒我念殷亡。發疾生狂。在家耄亂。故欲遯出於荒野。言愁悶。出尺遂反耄莫報反遯徒困反今爾無指告予顚隮若之何其汝無指意告我。殷邦顚隕隮墜。如之何其救之。隮子細反，又子兮反父師若曰。王子比干不見。明心同省文。微子。帝乙元子。故曰王子。見賢遍反省所景反天毒降災荒殷邦。方興沈酗于酒天生紂爲亂。是天毒下災。四方化紂沈湎。不可如何乃罔畏畏咈其耇長。舊有位人言起沈湎。上不畏天災。下不畏賢人。違戾耇老之長。致仕之賢。不用其教。法紂故。咈扶勿反耇工口反長丁丈反今殷民乃攘竊神祇之犧牷牲用以容將食無災自來而取曰攘色純曰犧。體完

曰牷。牛羊豕曰牲。器實曰用。盜天地宗廟牲用。相容行食之。無災罪之者。言政亂。○攘如羊反。犧許宜反。牷音全

降監殷民用乂讎斂召敵讎不怠下視殷民所用治者。皆重賦傷民。斂聚怨讎之道。而又亟行暴虐。自召敵讎不懈怠。○斂力檢反。鄭力劍反。

罪合于一。多瘠罔詔言殷民上下有罪皆合於一法。紂故使民多瘠病而無詔救之者。○瘠在益反

商今其有災我興受其敗災滅在近。我起受其敗。言宗室大臣義不忍去。

商其淪喪我罔爲臣僕。詔王子出迪商其沒亡。我二人無所爲臣僕。欲以死諫紂。我教王子出。合於道。

我舊云刻子。王子弗出。我乃

顛隮刻。病也。我久知子賢。言於帝乙欲立子。帝乙不肯。病子不得立。則宜爲殷後者子。今若不出逃難。我殷家宗廟。乃隕墜無主。○刻音克自靖人自獻于先王各自謀行其志。人人自獻達於先王。以不失道我不顧行遯言將與紂俱死。所執各異。皆歸於仁。明君子之道。出處黙語非一途。○顧音故

尚書卷第五

相臺岳氏刻梓荊谿家塾

舉人臣王錫奎敬書

尚書卷五考證

盤庚上則唯汝衆自作弗靖○汝蔡沈集傳本作爾

臬厥載音義臬尺售反○汲古閣本作天售反案天售反乃透字音誤

汝分猷念以相從各設中于乃心○案猷古文尚書作繇金履祥曰古字猷繇攸通用又案分石經作比設中古文作翕中

說命中惟天聰明傳言聖王法天以立教臣敬順而奉之民以從上爲治○案言聖王以下汲古閣等本混疏入傳舛謬殊甚惟殿本考正分晰與原本恰合

惟學遜志務時敏○學記引此文作敬孫務時敏

尚書卷第六

泰誓上第一

周書　孔氏傳

惟十有一年。武王伐殷。周自虞芮質厥成。諸侯竝附。以爲受命之年。至九年而文王卒。武王三年服畢。觀兵孟津。以卜諸侯伐紂之心。諸侯僉同。乃退以示弱。

一月戊午。師渡孟津。十三年正月二十八日。更與諸侯期而共伐紂。孟津。地名也。作泰誓三篇。渡津乃作。泰誓。大會以誓衆。

惟十有三年春。大會于孟津。三分二諸侯及諸戎狄。此周之孟春。

乾隆四十八年　書六

王曰。嗟我友邦冢君。越我御事庶士。明聽誓冢。大。御。治也。友諸侯。親之。稱大君。尊之。下及我治事衆士。大小無不皆明聽誓。惟天地萬物父母。惟人萬物之靈生之謂父母。靈。神也。天地所生。惟人爲貴亶聰明作元后。元后作民父母人誠聰明。則爲大君。而爲衆民父母。亶丁但反今商王受。弗敬上天。降災下民。沈湎冒色。敢行暴虐沈湎嗜酒。冒亂女色。敢行酷暴。虐殺無辜。湎面善反。冒莫報反罪人以族。官人以世一人有罪。刑及父母兄弟妻子。言淫濫。官人不以賢才。而以父兄。所以政亂惟宮室臺榭

泰誓上

陂池侈服，以殘害于爾萬姓。土高曰臺。有木曰榭。澤障曰陂。停水曰池。侈謂服飾過制。言匱民財力爲奢麗。○陂彼皮反焚炙忠良，刳剔孕婦。忠良無罪。焚炙之。懷子之婦。刳剔視之。言暴虐。○刳口胡反。剔他歷反。孕以證反皇天震怒，命我文考，肅將天威，大勳未集。言天怒紂之惡。命文王敬行天罰。功業未成而崩。肆予小子發，以爾友邦冢君，觀政于商。父業未就之故。故我與諸侯觀紂政之善惡。謂十一年自孟津還時。惟受罔有悛心，乃夷居，弗事上帝神祇，遺厥先宗廟弗祀。悛。改也。言紂縱惡無改心。平居無故廢天地百神宗廟之祀。慢之甚。悛七全反犧牲粢盛。既于凶盜凶人盡盜食之。而紂不罪。粢音咨。黍稷曰粢。盛音成。在器曰盛乃曰吾有民有命。罔懲其侮紂言吾所以有兆民。有天命故。羣臣畏罪不爭。無能止其慢心。懲直承反天佑下民。作之君。作之師言天佑助下民。爲立君以政之。爲立師以教之。爲于僞反惟其克相上帝。寵綏四方當能助天。寵安天下。相息亮反有罪無罪。予曷敢有越厥志越。遠也。言已志欲爲民除惡。是與否不敢遠其志同力度德。同德度義力鈞則有德者勝。德鈞則秉義者強。揆度優劣。勝負可見。度徒洛反。下同受有臣億萬。惟億萬心。人執異心。不和諧。予有臣三千。惟一心。三千一心。言同欲商罪貫盈。天命誅之。予弗順天。厥罪惟鈞。紂之為惡。一以貫之。惡貫已滿。天畢其命。今不誅紂。則為逆天。與紂同罪。○貫古亂反予小子夙夜祗懼。受命文考。類于上帝。宜于冢土。以爾有衆。厎天之罰。祭社曰宜。冢土。社也。言我畏天之威。告文王廟。以事類告天祭社。用汝衆致天罰於紂。○冢中勇反。厎之履反天矜于民。民之所欲。天必從之。矜。憐也。言天除惡樹善與民同。○從才容反爾尚弼予一人。

永清四海穢惡除。則四海長清時哉弗可失言今我伐紂。正是天人合同之時。不可違失

泰誓中第二　周書　孔氏傳

惟戊午。王次于河朔次。止也。戊午渡河而誓。既誓而止於河之北羣后以師畢會諸侯盡會次也王乃徇師而誓曰。嗚呼。西土有衆。咸聽朕言徇。循也。武王在西。故稱西土我聞吉人爲善。惟日不足。凶人爲不善。亦惟日不足言吉人渴日以爲善。凶人亦渴日以行惡。○渴苦曷反。又苦蓋反今商王

受力行無度〔行無法度。竭日不足。故曰力行〕播弃犂老。昵比罪人〔鮐背之耇稱犂老。布弃不禮敬。昵近罪人。謂天下逋逃之小人。○犂力私反。又力兮反。昵女乙反。比毗志反〕淫酗肆虐臣下化之〔過酗縱虐。以酒成惡。臣下化之。言罪同。○酗況付反〕朋家作仇脅權相滅無辜籲天穢德彰聞〔臣下朋黨。自爲仇怨。脅上權命。以相誅滅。籲呼也。民皆呼天告冤無辜。紂之穢德。彰聞天地。言罪惡深。○脅虛業反。籲音喻。穢於廢反〕惟天惠民惟辟奉天〔言君天下者。當奉天以愛民。○辟必亦反〕有夏桀弗克若天流毒下國〔桀不能順天。流毒虐於下國萬民。言凶害〕天乃佑命成湯降黜夏命言天助湯命。使下退桀命。惟受罪浮于桀浮過。剝傷害也。賊殺也。元善之長。良善。以諫輔紂。紂反殺之。○喪息浪反剝喪元良賊虐諫輔謂己有天命謂敬不足行謂祭無益謂暴無傷言紂所以罪過於桀。○已音紀厥監惟不遠在彼夏王其視紂罪與桀同辜。言必誅之。天其以予乂民用我治民。當除惡朕夢協朕卜襲于休祥戎商必克言我夢與卜。俱合於美善。以兵誅紂。必克之占受有億兆夷人離心離德平人。凡人也。雖多。而執心用德不同予有亂臣十人同心同德我治理之臣雖少而心德同○十人周公旦召公奭太公望畢公榮公太顛閎夭散宜生南宮适及文母雖有周親不如仁人周至也言紂至親雖多不如周家之少仁人也天視自我民視天聽自我民聽言天因民以視聽民所惡者天誅之百姓有過在予一人己能無惡于民民之有過在我教不至今朕必往我武惟揚侵于之疆揚舉也言我舉武事侵入紂郊疆伐之○疆居良反取彼凶殘我伐用張于湯有光桀流毒天下湯黜其命紂行凶殘之德我以兵取之伐惡之道張設比於湯又有光明勖哉夫子罔或無畏寧

執非敵勗。勉也。夫子。謂將士。無敢有無畏之心。寧執非敵之志。伐之則克矣。○勗許玉反。下同百姓懔懔若崩厥角言民畏紂之虐。危懼不安。若崩摧其角。無所容頭。○懔力甚反嗚呼乃一德一心立定厥功。惟克永世汝同心立功。則能長世以安民

泰誓下第三　周書　孔氏傳

時厥明王乃大巡六師明誓衆士是其戊午明日。師出以律。三申令之。重難之義。衆士。百夫長已上王曰嗚呼我西土君子。天有顯道厥類惟彰言天有明道。其義類惟明。言王所宜法則

今商王受。狎侮五常。荒怠弗敬輕狎五常之教。侮慢不行。大爲怠惰。不敬天地神明。自絕于天。結怨于民不敬天。自絕之。酷虐民。結怨之。斮朝涉之脛。剖賢人之心冬月見朝涉水者。謂其脛耐寒。斬而視之。比干忠諫。謂其心異於人。剖而觀之。酷虐之甚。○斮側略反。又士略反。朝陟遙反。脛戶定反。剖普口反。作威殺戮。毒痛四海痛。病也。言害所及遠。○痛音敷。又普吳反。崇信姦回。放黜師保回。邪也。姦邪之人。反尊信之。可法以安者。反放退之。屏弃典刑。囚奴正士屏弃常法而不顧。箕子正諫而以爲囚奴。郊社不修。宗廟不享。作奇技淫巧。以悅婦人言紂廢至尊之敬。營卑褻惡事。作過制技巧。以恣耳目之欲。技其倚反上帝弗順。祝降時喪祝。斷也。天惡紂逆道。斷絕其命。故下是喪亡之誅。喪蘇浪反爾其孜孜。奉予一人。恭行天罰孜孜。勸勉不怠。孜音滋古人有言曰。撫我則后。虐我則讎武王述古言以明義。言非惟今惡紂獨夫受洪惟作威。乃汝世讎言獨夫。失君道也。大作威殺無辜。乃是汝累世之讎。明不可不誅樹德務滋。除惡務本立德務滋長。去惡務除本。言紂為天下惡本肆予小子。誕以爾衆士。殄殲乃讎言欲行除惡之義。絕盡紂。殄

（徒典反。子廉反）【殲】爾衆士其尚迪果毅以登乃辟（迪。進也。殺敵爲果。致果爲毅。登。成也。成汝君之功。○【毅】牛旣反）功多有厚賞不迪有顯戮（賞以勸之。戮以威之）嗚呼惟我文考若日月之照臨。光于四方。顯于西土（稱父以感衆也。言其明德充塞四方。明著岐周）惟我有周誕受多方（言文王德大。故受衆方之國。三分天下而有其二）予克受非予武惟朕文考無罪（推功於父。言文王無罪於天下。故天佑之。人盡其用）受克予非朕文考有罪惟予小子無良（若紂克我。非我父罪。我之無善之致）

牧誓第四　周書　孔氏傳

武王戎車三百兩［兵車。百夫長所載。車稱兩。一車步卒七十二人。凡二萬一千人。舉全數。兩力尚反］虎賁三百人［勇士稱也。若虎賁獸。言其猛也。皆百夫長。賁音奔。稱尺證反］與受戰于牧野。作牧誓。牧誓［至牧地而誓衆。牧如字。徐音茂］

時甲子昧爽［是克紂之月。甲子之日。二月四日。昧冥爽明。早旦。昧音妹］王朝至于商郊牧野。乃誓［紂近郊三十里。地名牧。癸亥夜陳。甲子朝誓。將與紂戰。陳直刃反］王左杖黃鉞。右秉白旄以麾。曰。逖矣西土之人［鉞以黃金飾斧。］

左手杖鉞。示無事於誅。右手把旄。示有事於教。逖。遠也。遠矣西土之人。勞苦之。○杖直亮反鉞音越旄音毛麾許危反逖他歷反 王曰。嗟我友邦冢君 同志爲友。言志同滅紂 御事。司徒司馬司空 治事三卿。司徒主民。司馬主兵。司空主土。指誓戰者 亞旅師氏 亞。次。旅。衆也。衆大夫其位次卿。師氏大夫官。以兵守門者 千夫長百夫長 師帥。卒帥。○帥色類反 及庸蜀羌髳微盧彭濮人 入國。皆蠻夷戎狄屬文王者。國名。羌。在西。蜀。叟。髳。微在巴蜀。盧。彭。在西北。庸。濮。在江漢之南。○羌起良反髳茂侯反濮音卜叟所求反 稱爾戈。比爾干。立爾矛。予其誓 稱。舉也。戈。戟。干。楯也。○比扶志反。楯，食準反。王曰。古人有言曰。牝雞無晨。言無晨鳴之道。○牝，頻引反。牝雞之晨。惟家之索。索，盡也。喻婦人知外事。雌代雄鳴則家盡。婦奪夫政則國亡。○索，西各反。今商王受。惟婦言是用。妲己惑紂，紂信用之。○妲，丹達反。昏弃厥肆祀弗荅。昏，亂。肆，陳。荅，當也。亂弃其所陳祭祀，不復當享鬼神。○復，扶又反。昏弃厥遺王父母弟不迪。王父。祖之昆弟。母弟。同母弟。言弃其骨肉。不接之以道。乃惟四方之多罪逋逃。是崇是長。言紂弃其賢臣。而尊長逃亡罪人。信用之。是信是使。是以爲大夫卿士。士。事也。用爲卿大夫典政事俾暴虐于百姓。以姦宄于商邑使四方罪人。暴虐姦宄於都邑。○宄音軌今予發惟恭行天之罰。今日之事。不愆于六步七步。乃止齊焉今日戰事。就敵不過六步七步。乃止相齊。言當旅進一心。○愆去虔反夫子勖哉。不愆于四伐五伐六伐七伐。乃止齊焉。夫子。謂將士。勉勵之。伐謂擊刺。少則四五。多則六七。以爲例○勖許玉反刺七亦反勖哉夫子。尚桓桓桓桓武貌如虎。如貔。如熊。如羆于商郊貔。執夷。虎屬也。四獸皆猛健。欲使士衆法之。奮擊於牧野。○貔音毗羆彼皮反弗迓克奔。以役西

乾隆四十八年

土商衆能犇來降者。不迎擊之。如此則所以役我西土之義。(迓)五嫁反。勗哉夫子。爾所弗勗。其于爾躬有戮臨敵所安。汝不勉。則於汝身有戮矣。

武成第五 周書 孔氏傳

武王伐殷。往伐。歸獸往誅紂克定。偃武修文。歸馬牛于華山桃林之牧地。識其政事記識殷家政教善事以為法。(識)據註。職吏反作武成武功成。文事修。武成文王受命。有此武功成於克商惟一月壬辰旁死魄此本說始伐紂時。一月。周之正月。旁。近也。月二日近死魄。(旁)步光反(魄)普白反越翼日癸巳，王朝步自周，于征伐商。翼，明。步，行也。武王以正月三日行自周往征伐商。二十八日渡孟津。厥四月哉生明。王來自商。至于豐。其四月。哉，始也。始生明，月三日。與死魄互言。○(哉)音載。乃偃武修文。倒載干戈。包以虎皮。示不用。行禮射。設庠序。修文教。歸馬于華山之陽。放牛于桃林之野。示天下弗服。山南曰陽。桃林在華山東。皆非長養牛馬之地。欲使自生自死。示天下不復乘用。○(華)胡化胡瓜二反。(復)扶又反。丁未祀于周廟。邦甸侯衛駿奔走執豆籩。四月丁未。祭告后稷以下。文考文王以上。七世之祖。駿。大也。邦國甸侯衛服諸侯。皆大奔走於廟執事。○駿荀俊反籩音邊越三日庚戌柴望大告武成燔柴郊天。望祀山川。先祖後郊。自近始。○燔音煩旣生魄。庶邦冢君暨百工。受命于周魄生明死。十五日之後。諸侯與百官受政命於周。明一統。○暨其器反王若曰嗚呼羣后順其祖業。歎美之以告諸侯惟先王建邦啓土謂后稷也。尊祖故稱先王公劉克篤前烈后稷曾孫。公爵。劉名。能厚先人之業至于大王肈基王迹。王季其勤王家大王修德以翦齊商人。始王業之肈迹。王季纘統其業。乃勤立王家。○大音泰肈音兆王迹。于況反。又如字我文考文王。克成厥勳。誕膺天命。以撫方夏。言我文德之父。能成其王功。大當天命。以撫綏四方中夏。大邦畏其力。小邦懷其德。言天下諸侯。大者畏威。小者懷德。是文王威德之大。惟九年。大統未集。言諸侯歸之。九年而卒。故大業未就。予小子其承厥志。言承文王本意。厎商之罪。告于皇天后土。所過名山大川。致商之罪。謂伐紂之時。后土。社也。名山。華岳。大川。河。○厎之履反曰惟有道曾孫周王發。將有大正于商。告天地山川之辭。大正。以兵征之今商王受無道。無道德暴殄天物。害虐烝民暴絕天物。言逆天也。逆天害民。所以爲無道。○烝之承反爲天下逋逃主萃淵藪。逋。亡也。天下罪人逃亡者。而紂爲魁主。窟聚淵府藪澤。言大姦。○萃在醉反藪素口反予小子既獲仁人。敢祇承上帝以遏亂略。仁人。謂太公周召之徒。略。路也。言誅紂敬承天意。以絕亂路。○遏烏末反召上照反華夏蠻貊罔不率俾。恭天成命。冕服采章曰華。大國曰夏。及四夷皆相率而使奉天成命。○貊亡白反肆予東征。綏厥士女。此謂十一年會孟津還時惟其士女。篚厥玄黃。昭我周王。言東國士女。筐篚盛其絲帛。奉迎道次。明我周王爲之除害。○篚音匪爲于僞

武成

反

天休震動。用附我大邑周。（天之美應。震動民心。故用依附我。）

惟爾有神。尚克相予。以濟兆民。無作神羞。（神庶幾助我。渡民危害。無爲神羞辱。○相息亮反）

既戊午。師逾孟津。癸亥。陳于商郊。俟天休命。（自河至朝歌。出四百里。五日而至。赴敵宜速。待天休命。謂夜雨止畢陳。○陳直刃反。徐音塵）

甲子昧爽。受率其旅若林。會于牧野。（旅衆也。如林。言盛多。會逆距戰）

罔有敵于我師。前徒倒戈。攻于後以北。血流漂杵。（紂衆服周仁政。無有戰心。前徒倒戈。自攻其後以北走。血流漂舂杵。甚之言。○倒丁老反。漂匹

乾隆四十八年

妙反。又匹消反。杵昌呂反一戎衣。天下大定衣。服也。一著戎服而滅紂。言與衆同心。動有成功乃反商政。政由舊反紂惡政。用商先王善政釋箕子囚。封比干墓。式商容閭皆武王反紂政。囚。奴徒隸。封。益其土。商容。賢人。紂所貶退。式其閭巷。以禮賢散鹿臺之財。發鉅橋之粟。紂所積之府倉。皆散發以賑貧民。○散西旦反大賚于四海。而萬姓悅服。施舍已債。救乏賙無。所謂周有大賚。天下皆悅仁服德。○賚力代反。徐音來。債側界反列爵惟五即所識政事而法之。爵五等。公侯伯子男。分土惟三列地封國。公侯方百里。伯七十里。子男五十里。爲三品建官惟賢立官以官賢才位事惟能居位理事必任能事。重民五教所重在民。及五常之教惟食喪祭民以食為命。喪禮篤親愛。祭祀崇孝養。皆聖王所重惇信明義使天下厚行信。顯忠義崇德報功有德尊以爵。有功報以祿垂拱而天下治言武王所修皆是。所任得人。故垂拱而天下治。○拱居勇反任而鴆反

尚書卷第六

相臺岳氏刻梓荆谿家塾

武成

舉人臣孫衡敬書

尚書卷六考證

泰誓○案王應麟曰古文作大誓與大誥義同開元間

衛包定今文始作泰

泰誓中雖有周親不如仁人傳言紂至親雖多不如周

家之少仁人也○案　殿本閣本及諸坊本皆無也

字以仁人二字屬上句讀義殊難曉惟岳珂節取疏

中一也字連仁人二字另作一句讀解最圓足并非

晉唐閒善本可及

武成克成厥勳○汲古閣本克成作克伐非

尚書卷第七

洪範第六

周書　　孔氏傳

武王勝殷。殺受。立武庚。不放而殺。紂自焚也。武庚。紂子。以爲王者後。一名祿父。○勝。商證反。以箕子歸。作洪範。歸鎬京。箕子作之。○範音范。鎬。胡老反。武王所都。

洪範洪。大。範。法也。言天地之大法

惟十有三祀。王訪于箕子。商曰祀。箕子稱祀。不忘本。此年四月歸宗周。先告武成。次問天道。王乃言曰。嗚呼。箕子。惟天陰騭下民。相協厥居隲。定也。天不言而默定下民。是助合其居。使有常生之資。○陰默也。隲之逸反。相息亮反。助也。我不知其彝倫攸敘言我不知天所以定民之常道理次敘。問何由。○彝以之反箕子乃言曰。我聞在昔。鯀陻洪水。汩陳其五行。陻。塞。汩。亂也。治水失道。亂陳其五行。○陻音因汩工忽反帝乃震怒。不畀洪範九疇。彝倫攸斁。畀。與。斁。敗也。天動怒鯀。不與大法九疇。疇。類也。故常道所以敗。○畀必二反。斁多路反鯀則殛死。禹乃嗣興。放鯀至死不赦。嗣。繼也。殛父與子。堯舜之道。○殛紀力反天乃錫禹洪範九疇。彝倫攸敘。天與禹洛出書。神龜

洪範

負文而出。列於背。有數至于九。禹遂因而第之。以成九類。常道所以次敘。初一曰。五行。九類。類一章。以五行爲始。次二曰。敬用五事。五事在身。用之必敬乃善。次三曰。農用八政。農。厚也。厚用之。政乃成。次四曰。協用五紀。協。和也。和天時。使得正。用五紀。次五曰。建用皇極。皇。大。極。中也。凡立事。當用大中之道。次六曰。乂用三德。治民必用剛柔正直之三德。次七曰。明用稽疑。明用卜筮考疑之事。次八曰。念用庶徵。次九曰。嚮用五福。威用六極。言天所以嚮勸人用五福。所以威沮人用六極。此已上禹所第敘。○嚮許亮反。沮在汝反。上時掌反。

下注同。馬云。從五行已下至六極。洛書文也一。五行。一曰水。二曰火。三曰木。四曰金。五曰土。皆其生數水曰潤下。火曰炎上。言其自然之常性木曰曲直。金曰從革。木可以揉曲直。金可以改更土爰稼穡。種曰稼。斂曰穡。土可以種。可以斂潤下作鹹。水鹵所生炎上作苦。焦氣之味曲直作酸。木實之性從革作辛。金之氣味稼穡作甘。甘味生於百穀。五行以下。箕子所陳二。五事。一曰貌。容儀二曰言。詞章三曰視。觀正四曰聽察是非五曰思。心慮所行貌曰恭。儼恪言曰從。是則可從視

洪範

曰明必清審聽曰聰必微諦。○諦音帝思曰睿必通於微。○睿悅歲反。馬云。通也。恭作肅心敬從作乂可以治明作哲照了。○哲之舌反聰作謀所謀必成當。○當丁浪反睿作聖於事無不通謂之聖

三八政。一曰食勤農業二曰貨寶用物三曰祀敬鬼神以成教四曰司空主空土以居民五曰司徒主徒衆。教以禮義六曰司寇主姦盜。使無縱七曰賓禮賓客。無不敬八曰師簡師。所任必良。士卒必練

四。五紀。一曰歲所以紀四時二曰月所以紀一月三曰日紀一日四曰星辰二十八宿。迭見以敍氣節。

十二辰。以紀日月所會○[迭]田節反[見]賢遍反**五曰曆數**曆數氣節之度。以爲曆。敬授民時**五皇極皇建其有極**大中之道。大立其有中。謂行九疇之義**斂時五福用敷錫厥庶民**斂是五福之道以爲教。用布與衆民使慕之**惟時厥庶民于汝極錫汝保極**君上有五福之教。衆民於君取中。與君以安中之善。言從化**凡厥庶民無有淫朋人無有比德惟皇作極**民有安中之善。則無淫過朋黨之惡。比周之德。惟天下皆大爲中正。○[比]毗志反**凡厥庶民有猷有爲有守汝則念之**民戢有道。有所爲。有所執守。汝則念錄敘之**不**

洪範

協于極。不罹于咎。皇則受之。凡民之行。雖不合於中。而不罹於咎惡。皆可進用。大法受之。○罹力馳反。行下孟反。而康而色。曰予攸好德。汝則錫之福。汝當安汝顏色。以謙下人。人曰。我所好者德。汝則與之爵祿。○好呼報反。下竝同。時人斯其惟皇之極。不合於中之人。汝與之福。則是人此其惟大之中。言可勉進。無虐煢獨。而畏高明。煢。單。無兄弟也。無子曰獨。單獨者不侵虐之。寵貴者不枉法畏之。○煢岐扃反。人之有能有爲。使羞其行。而邦其昌。功能有爲之士。使進其所行。汝國其昌盛。○其行如字。徐下孟反。凡厥正人。既富方穀。凡其

乾隆四十八年

正直之人。既當以爵祿富之。又當以善道接之。汝弗能使有好于而家。時人斯其辜。不能使正直之人。有好于國家。則是人斯其詐取罪而去。于其無好德。汝雖錫之福。其作汝用咎。於其無好德之人。汝雖與之爵祿。其爲汝用惡道以敗汝善。○爲于僞反。無偏無陂。遵王之義。偏。不平。陂。不正。言當循先王之正義以治民。○陂音祕。無有作好。遵王之道。無有作惡。遵王之路。言無有亂爲私好惡。動必循先王之道路。○好呼報反。惡烏路反。無偏無黨。王道蕩蕩。言開闢。○闢婢亦反。無黨無偏。王道平平。言辨治。○平婢緜反。無反無側。王道正直言所行無反道不正。則王道平直會其有極。歸其有極言會其有中而行之。則天下皆歸其有中矣曰皇極之敷言是彝是訓于帝其訓曰者。大其義。言以大中之道布陳言教。不失是常。則人皆是順矣。天且其順。而況于人乎凡厥庶民極之敷言。是訓是行。以近天子之光凡其衆民。中心之所陳言。凡順是行之。則可以近益天子之光明曰天子作民父母。以爲天下王言天子布德惠之教。爲兆民之父母。是爲天下所歸往。不可不務六。三德。一曰正直能正人之曲直二曰剛克剛能立事三曰柔克和柔能治。三者皆德平康正直世平安。用正直治之彊弗友剛克友。順也。世彊禦不順。以剛能治之。○禦魚呂反燮友柔克燮。和也。世和順。以柔能治之。○燮息協反沈潛剛克沈潛。謂地。雖柔亦有剛。能出金石高明柔克高明。謂天。言天爲剛德。亦有柔克。不干四時。喻臣當執剛以正君。君亦當執柔以納臣惟辟作福。惟辟作威。惟辟玉食言惟君得專威福。爲美食。○辟補亦反臣無有作福作威玉食。臣之有作福作威玉食。其害于而家。凶于而國。人用側頗僻。民用僭忒在位不敦平。則下民僭差。○頗普多反僻匹亦反。僭子念反。忒他得反。七稽疑。擇建立卜筮人。龜曰卜。蓍曰筮。考正疑事。當選擇知卜筮人而建立之。乃命卜筮。建立其人。命以其職。曰雨。曰霽。龜兆形有似雨者。有似雨止者。○霽子細反。曰蒙。蒙。陰闇。曰驛。氣落驛不連屬。○屬音燭。曰克。兆相交錯。五者卜兆之常法。曰貞。曰悔。內卦曰貞。外卦曰悔。凡七。卜筮之數。卜五。占用二。衍忒。立時人作卜筮。三人占。則從二人之言。立是知卜筮人。使爲卜筮之事。夏殷周卜筮各異。三法竝卜。從二人之言。善鈞從衆。卜筮各三人。○衍以淺反。汝則有大疑。謀及乃心。謀及卿士。謀及庶人謀及卜筮將舉事而汝則有大疑先盡汝心以謀慮之次及卿士衆民然後卜筮以決之汝則從龜從筮從卿士從庶民從是之謂大同人心和順龜筮從之是謂大同於吉身其康彊子孫其逢吉動不違衆故後世遇吉汝則從龜從筮從卿士逆庶民逆吉三從二逆中吉亦可舉事卿士從龜從筮從汝則逆庶民逆吉君臣不同決之卜筮亦中吉庶民從龜從筮從汝則逆卿士逆吉民與上異心亦卜筮以決之汝則從龜從筮逆卿士逆庶民逆作內吉作

外。凶。二從三逆。龜筮相違。故可以祭祀冠婚。不可以出師征伐龜筮共違于人。皆逆用靜吉。用作凶。安以守常則吉。動則凶八。庶徵。曰雨。曰暘。曰燠。曰寒。曰風。曰時。雨以潤物。暘以乾物。燠以長物。寒以成物。風以動物。五者各以其時。所以爲衆驗。(暘)音陽(乾)音干(長)丁丈反五者來備各以其敘。庶草蕃廡。言五者備至。各以次敘。則衆草蕃滋廡豐也。(蕃)音煩(廡)無甫反一極備凶。一極無凶。一者備極。過甚則凶。一者極無。不至亦凶。謂不時失敘曰休徵。敘美行之驗。(行)下孟反曰肅。時雨若。君行敬。則時雨順之曰乂。時暘若。君行政治。則時

暘順之。○治直吏反。治其職同曰哲。時燠若君能照哲。則時燠順之曰

謀。時寒若君能謀。則時寒順之曰聖。時風若君能通理。則時風順

之曰咎徵。○敘惡行之驗咎其九反曰狂恒雨若君行狂安。則常

雨順之曰僭。恒暘若君行僭差。則常暘順之曰豫。恒燠若

君行逸豫。則常燠順之。○豫羊庶反曰急。恒寒若君行急。則常寒順之曰

蒙。恒風若君行蒙闇。則常風順之曰王省惟歲王所省職兼所

摠羣吏。如歲兼四時。○省悉井反卿士惟月卿士各有所掌。如月之有別

師尹惟日衆正官之吏分治其職。如日之有歲月歲月日時無

易各順常百穀用成乂用明歲月日時無易則百穀成。君臣無易則政治明。俊民用章。家用平康。賢臣顯用。國家平寧。日月歲時既易。是三者已易。喻君臣易職。百穀用不成。乂用昏不明。俊民用微。家用不寧。君失其柄。權臣擅命。治闇賢隱。國家亂。

庶民惟星。星有好風。星有好雨。星。民象。故衆民惟若星。箕星好風。畢星好雨。亦民所好。○好呼報反日月之行。則有冬有夏。日月之行。冬夏各有常度。君臣政治。小大各有常法月之從星。則以風雨。月經於箕則多風。離於畢則多雨。政教失常。以從民欲。亦所以亂。九五福。

一曰壽百二十年二曰富財豐備三曰康寧無疾病四曰攸好德所好者德。福之道。○好呼報反五曰考終命各成其短長之命以自終。不橫夭六極。一曰凶短折動不遇吉。短未六十。折未三十。言辛苦○折時設反二曰疾常抱疾苦三曰憂多所憂四曰貧困於財五曰惡醜惡六曰弱尫劣武王既勝殷邦諸侯。班宗彝賦宗廟彝器酒罇賜諸侯作分器言諸侯尊卑各有分也。亡○分扶問反

旅獒第七

周書　孔氏傳

西旅獻獒（西戎遠國。貢大犬。○獒五羔反）太保作旅獒（召公陳戒。○召時照反。後召公皆放此）旅獒（因獒而陳道義）惟克商遂通道于九夷八蠻（四夷慕化。貢其方賄。九八言非一。皆通道路。無遠不服）西旅厎貢厥獒（西戎之長。致貢其獒。犬高四尺曰獒。以大爲異。○厎之履反。長丁丈反）太保乃作旅獒用訓于王（陳貢獒之義。以訓諫王）曰嗚呼明王慎德四夷咸賓（言明王慎德以懷遠。故四夷皆賓服）無有遠邇畢獻方物惟服食器用（天下萬國。無有遠近。盡貢其方土所生之物。惟可以供服食器用者。言不爲耳目華侈王乃昭德之致于異姓之邦。無替厥服德之所致。謂遠夷之貢。以分賜異姓諸侯。使無廢其職分寶玉于伯叔之國。時庸展親以寶玉分同姓之國。是用誠信其親親之道人不易物。惟德其物言物貴由人。有德則物貴。無德則物賤。所貴在於德。○易羊隻反德盛不狎侮盛德必自敬。何狎易侮慢之有。○易以豉反狎侮君子。罔以盡人心以虛受人。則人盡其心矣。○盡津忍反狎侮小人。罔以盡其力以悅使民。民忘其勞。則力盡矣不役耳目。百度惟貞言不以聲色自役。則百度正玩人喪德。玩物喪志。以人爲戲弄則喪其德。以器物爲戲弄則喪其志。〇玩五貫反喪息浪反志以道寧。言以道接。在心爲志。發氣爲言。皆以道爲本。故君子勤道不作無益害有益。功乃成。不貴異物賤用物。民乃足。遊觀爲無益。奇巧爲異物。言明王之道。以德義爲益。器用爲貴。所以化俗生民。〇觀官喚反犬馬非其土性不畜。非此土所生不畜。以不習其用。〇畜許六反珍禽奇獸不育于國。皆非所用。有損害故。不寶遠物。則遠人格。不侵奪其利則來服矣所寶惟賢。則邇人安。寶賢任能則近人安。近人安則遠人安矣嗚呼夙夜罔或不勤言當早起夜寐。常勤於德不矜細行終累大德輕忽小物。積害毀大。故君子慎其微○行下孟反累劣偽反爲山九仞功虧一簣八尺曰仞。喻向成也。未成一簣。猶不爲山。故曰功虧一簣。是以聖人乾乾日昃。慎終如始○仞音刃簣其貴反允迪茲生民保厥居惟乃世王言其能信蹈行此誠。則生人安其居。天子乃世世王天下。武王雖聖。猶設此誠。況非聖人。可以無誠乎。其不免於過。則亦宜矣○王如字。又于況反巢伯來朝殷之諸侯。伯爵也。南方遠國。武王克商。慕義來朝○巢仕交反朝直遙反芮伯作旅巢命芮伯。周同姓。圻内之國。爲

卿大夫。陳威德以命巢。亡。○芮如銳反

金縢第八

周書　孔氏傳

武王有疾。周公作金縢。爲請命之書。藏之於匱。緘之以金。不欲人開之。○縢徒登反 金縢遂以所藏爲篇名 既克商二年。王有疾。弗豫。伐紂明年。武王有疾。不悅豫 二公曰。我其爲王穆卜。周公曰。未可以戚我先王。穆。敬。戚。近也。召公。太公。言王疾當敬卜吉凶。周公言未可以死近我先王。相順之辭。○爲于僞反 公乃自以爲功周公乃自以請命爲己事爲三壇同墠因大王。王季。文王。請命於天。故爲三壇。壇。築土。墠。除地。大除地。於中爲三壇。○壇徒丹反。墠音善爲壇於南方北面。周公立焉立壇上對三王植璧秉珪乃告太王。王季。文王璧以禮神。植。置也。置於三王之坐。周公秉桓珪以爲贄。告謂祝辭。○植時職反史乃冊祝曰。惟爾元孫某遘厲虐疾史爲冊書祝辭也。元孫。武王。某。名。臣諱君故曰某。厲。危。虐。暴也。○遘工豆反。遇也若爾三王。是有丕子之責于天。以旦代某之身大子之責。謂疾不可救於天。則當以旦代之。死生有命。不可請代。聖人敘臣子之心。

以垂世教。（不）普悲反

予仁若考。能多材多藝。能事鬼神。我周公仁能順父。又多材多藝。能事鬼神。言可以代武王之意乃元孫不若旦多材多藝。不能事鬼神。乃命于帝庭。敷佑四方。汝元孫。受命於天庭爲天子。布其德教。以佑助四方。言不可以死用能定爾子孫于下地。四方之民罔不祗畏。言武王用受命帝庭之故。能定先人子孫於天下。四方之民。無不敬畏

嗚呼。無墜天之降寶命。我先王亦永有依歸。歎惜武王。言不救。則墜天之寶命。救之則先王長有依歸今我即命于元龜就受三王之命

於大龜。卜知吉凶

爾之許我。我其以璧與珪。歸俟爾命

許。謂疾瘳。待命。當以事神。

爾不許我。我乃屏璧與珪。

不許。謂不愈也。屏。藏也。言不得事神。

乃卜三龜。一習吉。

習。因也。以三王之龜卜。一相因而吉。

啓籥見書。乃并是吉。

三兆既同吉。開籥見占兆書。乃亦并是吉。籥予若反。并必政反。

公曰。體。王其罔害。

公視兆曰。如此兆體。王其無害。言必愈。

予小子新命于三王。惟永終是圖。

周公言我小子。新受三王之命。武王惟長終是謀周之道。

茲攸俟能念予一人。

言武王愈。此所以待能念我天子事。成周道。

公歸乃納冊

金縢

于金縢之匱中。王翼日乃瘳。從壇歸。翼。明。瘳。差也。〔差〕初賣反

武王既喪。管叔及其羣弟。乃流言於國。武王死。周公攝政。其弟管叔。及蔡叔。霍叔。乃放言於國。以誣周公。以惑成王。〔喪〕息浪反曰。公將不利於孺子。三叔以周公大聖有次立之勢。遂生流言。孺。稚也。稚子。成王。

周公乃告二公曰。我之弗辟。我無以告我先王。辟。法也。告召公太公。言我不以法法三叔則我無以成周道告我先王。〔辟〕扶亦反

周公居東二年。則罪人斯得。周公既告二公。遂東征之。二年之中。罪人此得。于後。公乃爲詩以貽王。名之曰

鴟鴞。王亦未敢誚公成王信流言而疑周公。故周公既誅三監而作詩。解所以宜誅之意以遺王。王猶未悟。故欲讓公而未敢。〔貽〕羊支反〔鴟〕尺夷反〔鴞〕于嬌反〔誚〕在笑反秋大熟未穫。天大雷電以風。二年秋也。蒙恒風若。雷以威之。故有風雷之異。〔穫〕戶郭反禾盡偃。大木斯拔。邦人大恐。風災所及。邦人皆大恐。〔拔〕皮八反王與大夫盡弁。以啓金縢之書。皮弁。質服。以應天。〔弁〕皮彥反乃得周公所自以爲功代武王之說。所藏請命冊書本。〔說〕如字二公及王乃問諸史與百執事。三公倡王啓之。故先見書。史百執事皆從周公請命對曰信。噫。公命我勿敢言史百執事言信有此事。周公使我勿道。今言之則負周公。噫。恨辭。○噫於其反王執書以泣。曰其勿穆卜本欲敬卜吉凶。今天意可知。故止之昔公勤勞王家。惟予沖人弗及知言已幼童。不及知周公昔日忠勤。○沖直忠反今天動威。以彰周公之德發雷風之威。以明周公之聖德惟朕小子其新逆。我國家禮亦宜之周公以成王未悟。故留東未還。改過自新。遣使者迎之。亦國家禮有德之宜王出郊。天乃雨。反風。禾則盡起郊。以玉幣謝天。天即反風起禾。明郊之是二公命邦人。

凡大木所偃。盡起而築之。歲則大熟。木有偃拔。起而立之。築有其根。禾木無虧。百穀豐熟。周公之德。此已上。大誥後。因武王喪并見之

大誥第九

周書　孔氏傳

武王崩。三監及淮夷叛。三監。管。蔡。商。淮夷。徐。奄之屬。皆叛周　○監古懺反。視也。周公相成王。將黜殷。作大誥。相。謂攝政。黜。絕也。將以誅叛者之義大誥天下　○相息亮反大誥。陳大道以告天下。遂以名篇

王若曰。猷大誥爾多邦。越爾御事。周公稱成王命。順大

道以告天下衆國。及於御治事者。盡及之。○猷音由。道也弗弔。天降割于我家不少言周道不至。故天下凶害於我家不少。謂三監淮夷竝作難。○弔音的。馬讀弗少延爲句。難乃旦反延洪惟我幼沖人凶害延大。惟累我幼童人成王。言其不可不誅之意嗣無疆大歷服。弗造哲迪民康言子孫承繼祖考無窮大數。服行其政。而不能爲智道以安人。故使叛。先自責矧曰其有能格知天命安人且猶不能。況其有能至知天命者乎已。予惟小子。若涉淵水。予惟往求朕攸濟已。發端歎辭也。我惟小子承先人之業。如涉淵水。往求我所以濟渡。言祗懼敷賁。敷前

人受命。茲不忘大功。前人。文武也。我求濟渡。在布行大道。在布陳文
武受命。在此不忘大功。言任重。〔賁〕扶云反。徐音憤。予不敢閉于天降
威用。天下威用。謂誅惡也。言我不敢閉絕天所下威用而不行。將欲伐四國寧
王遺我大寶龜。紹天明即命。安天下之王。謂文王也。遺我大
寶龜。疑則卜之。以繼天明。就其命而行之。言卜不可違。〔遺〕唯季反曰有大艱
于西土。西土人亦不靜。越茲蠢。曰。語更端也。四國作大難
於京師。西土人亦不安。於此蠢動。〔蠢〕尺允反殷小腆。誕敢紀其敘。
言殷後小腆腆之祿父。大敢紀其王業欲復之。〔腆〕他典反〔誕〕大旦反天降威。

大誥

知我國有疵天下威。謂三叔流言。故祿父知我周國有疵病。○疵在斯反民不康。曰予復。反鄙我周邦祿父言我殷當復。欺惑東國人令不安。反鄙易我周家。道其罪無狀今蠢今翼日。民獻有十夫予翼以于敉寧武圖功今天下蠢動。今之明日。四國人賢者。有十夫來翼佐我周。用撫安武事。謀立其功。言人事先應。○敉亡婢反我有大事休。朕卜幷吉大事。戎事也。人謀既從。卜又幷吉。所以為美。○幷必政反肆予告我友邦君。越尹氏庶士御事以美故告我友國諸侯。及於正官尹氏。卿大夫。衆士。御治事者。言謀及之曰予得吉卜。予惟以爾庶邦于伐殷逋播臣用汝衆國往伐殷逋亡之臣謂祿父○逋布吾反爾庶邦君越庶士御事罔不反曰艱大汝衆國上下無不反曰征伐四國爲大難叙其情以戒之民不靜亦惟在王宮邦君室言四國不安亦在天子諸侯教化之過自責不能綏近以及遠越予小子考翼不可征王害不違卜於我小子先卜敬成周道若謂今四國不可征則王室有害故宜從卜肆予沖人永思艱曰嗚呼允蠢鰥寡哀哉故我童人成王長思此難而歎曰信蠢動天下使無妻無夫者受其害可哀哉○鰥故頑反予造天役遺

大投艱于朕身我周家爲天下役事。遺我甚大。投此艱難於我身。言不得已越予沖人不卬自恤。義爾邦君越爾多士。尹氏御事言征四國。於我童人。不惟自憂而已。乃欲施義於汝衆國。君臣上下。至御治事者。○卬五剛反。我也。綏予曰。無毖于恤。不可不成乃寧考圖功汝衆國君臣。當安勉我曰。無勞於憂。不可不成汝寧祖聖考文武所謀之功。責其以善言之助。○毖音祕已予惟小子。不敢替上帝命不敢廢天命。言卜吉。當必征之天休于寧王。興我小邦周。寧王惟卜用。克綏受茲命言天美文王興周者。以文王惟

卜之用。故能安受此天命。明卜宜用今天其相民。矧亦惟卜用

人獻十夫。是天助民。況亦用卜乎。吉可知矣。亦言文王。○相息亮反嗚呼。天明

畏弼我丕丕基歎天之明德可畏。輔成我大大之基業。言卜不可違也

王曰。爾惟舊人。爾丕克遠省。爾知寧王若勤

哉特命久老之人。知文王故事者。大能遠省識古事。汝知文王若彼之勤勞哉。目所親

見。法之又明○省息井反天閟毖我成功所。予不敢不極

卒寧王圖事閟。慎也。言天慎勞我周家成功所在。我不敢不極盡文王所謀

之事。謂致太平。○閟音秘肆予大化。誘我友邦君我欲極盡文王

所謀。故大化天下。道我友國諸侯天棐忱辭。其考我民言我周家有大化誠辭。爲天所輔。其成我民矣。○棐音匪予曷其不于前寧人。圖功攸終。我何其不於前文王安人之道。謀立其功所終乎天亦惟用勤毖我民若有疾天亦勞愼我民欲安之。如人有疾。欲已去之予曷敢不于前寧人攸受休畢天欲安民。我何敢不於前文王所受美命終畢之王曰。若昔朕其逝。朕言艱日思順古道我其往東征矣。我所言國家之難備矣。日思念之若考作室。既厎法。厥子乃弗肯堂。矧肯構以作室喻治政也。父已致法。子乃不肯爲堂基。況肯構立屋乎。不爲其易。則難者可知。○底之履反。構古候反。厥父菑。厥子乃弗肯播。矧肯穫。又以農喻。其父已菑耕其田。其子乃不肯播種。況肯收穫乎。○菑側其反。田一歲曰菑。穫戶郭反。厥考翼其肯曰。予有後。弗弃基。其父敬事創業。而子不能繼成其功。其肯言我有後。不弃我基業乎。今不征。是弃之。肆予曷敢不越卬敉寧王大命。作室農人。猶惡弃基。故我何敢不於今日。撫循文王大命以征逆乎。若兄考。乃有友伐厥子。民養其勸弗救。若兄弟父子之家。乃有朋友來伐其子。民養其勸心不救者。以子惡故。以此四國將誅而無救者。罪大故。王曰。嗚呼。肆哉爾庶邦君。越爾御事歎今伐四國必克之故。以告諸侯。及臣下御治事者爽邦由哲。亦惟十人。迪知上帝命言其故有明國事用智道十人。蹈知天命。謂人獻十夫來佐周越天棐忱爾時罔敢易法。矧今天降戾于周邦於天輔誠。汝天下是知無敢易天法。況今天下罪於周。使四國叛乎惟大艱人誕鄰胥伐于厥室。爾亦不知天命不易惟大爲難之人。謂三叔也。大近相伐於其室家。謂叛逆也。若不早誅。汝天下亦不知天命之不易也。○易以豉反予永念曰。天惟喪殷若穡夫。予曷敢不終朕畝

稼穡之夫。除草養苗。我長念天亡殷惡主。亦猶是矣。我何敢不順天終竟我壟畝乎。言當滅殷。○喪如字。又息浪反

天亦惟休于前寧人予曷其極卜。敢弗于從

天亦惟美于文王受命。我何其極卜法。敢不於從。言必從也

率寧人有指疆土。矧今卜幷吉

循文王所有指意以安疆土則善矣。況今卜幷吉乎。言不可不從

肆朕誕以爾東征天命不僭卜陳惟若茲

以卜吉之故。大以汝衆東征四國。天命不僭差。卜兆陳列。惟若此吉。必克之。不可不勉。○僭子念反

微子之命第十

周書

孔氏傳

成王既黜殷命。殺武庚〔一名祿父〕命微子啓代殷後〔啓知紂必亡而奔周。命爲宋公。爲湯後〕作微子之命〔封命之書〕

微子之命〔稱其本爵以名篇〕

王若曰。猷殷王元子〔微子。帝乙元子。故順道本而稱之〕惟稽古崇德象賢〔惟考古典。有尊德象賢之義。言今法之〕統承先王。修其禮物〔言二王之後。各修其典禮。正朔服色。與時王竝。通三統〕作賓于王家。與國咸休。永世無窮〔爲時王賓客。與時皆美。長世無竟〕嗚呼。乃祖成湯克齊聖廣淵言汝祖成湯。能齊德聖達。廣大深遠。澤流後世皇天眷佑。誕受厥命大天眷顧湯佑助之。大受其命。謂天命撫民以寬。除其邪虐撫民以寬政。放桀邪虐。湯之德也功加于時。德垂後裔言湯立功加於當時。德澤垂及後世。裔。末也。○裔以制反爾惟踐修厥猷。舊有令聞汝。微子。言能踐湯德。久有善譽。昭聞遠近。○聞如字。又音問恪愼克孝。肅恭神人。予嘉乃德。曰篤不忘言微子敬愼能孝。嚴恭神人。故我善汝德。謂厚不可忘。○篤東谷反上帝時歆。下民祗協。庸建爾于上公。尹茲東夏。孝恭之人。祭祀則神歆享。施令則人敬和。用是封立汝於上公之位。正此東方華夏之國。宋在京師東。○歆許今反欽哉往敷乃訓慎乃服命率由典常以蕃王室敬哉。敬其爲君之德。往臨人布汝教訓。慎汝祖服命數。循用舊典。無失其常。以蕃屛周室。戒之。○蕃方元反弘乃烈祖律乃有民永綏厥位毗予一人大汝烈祖成湯之道。以法度齊汝所有之人。則長安其位。以輔我一人。言上下同榮慶。○毗房脂反世世享德萬邦作式言微子累世享德。不忝厥祖。雖同公侯。而特爲萬國法式。俾我有周無斁汝世世享德。則使我有周好汝無厭。○俾必爾反斁音亦嗚呼往哉惟休無替朕命歎其德遣往之國。言當惟爲美政。無發我命唐叔得禾。異畝同穎唐叔。成王母弟。食邑內得異禾也。畝。壟。穎。穗也。禾各生一壟。而合爲一穗。〇穎役領反獻諸天子拔而貢之王命唐叔。歸周公于東異畝同穎天下和同之象。周公之德所致。周公東征未還。故命唐叔以禾歸周公。唐叔後封晉作歸禾亡周公既得命禾。旅天子之命已得唐叔之禾遂陳成王歸禾之命。而推美成王。善則稱君作嘉禾天下和同。政之善者。故周公作書。以嘉禾名篇告天下。亡

尚書卷第七

尚書卷七考證

洪範惟天陰隲下民○隲史記宋世家作定

不畀洪範九疇○案史記不畀作不從洪範九疇作鴻

範九等

敬用五事○敬漢書五行志作羞顔師古曰羞進也

協用五紀○協漢書作旪案旪古文協字也

一五行○漢石經無一字餘傳首句並不言疇數

從革作辛傳金之氣味○案　殿本及永懷堂本俱無

味字惟汲古閣本與此同

無偏無陂○陂本作頗唐開元中以義音不協詔改陂

見唐書藝文志顧炎武曰唐明皇改頗爲陂宋宣和六年復爲頗今尚仍唐舊以古音求之於頗爲協案今惟史記作頗字

曰雨曰霽曰蒙曰驛曰克。史記作曰雨曰濟曰涕曰霧曰克周禮太卜註作曰雨曰濟曰圛曰蟊曰尅與此互異

傳五者卜兆常法。案卜兆諸本並作卜筮非蓋雨霽蒙驛克與筮無涉耳

金縢我之弗辟音義辟扶下反。案辟扶亦反音闢原本作扶下反乃罷字音非闢字音也

歲則大熟傳桑果無虧○案桑果　殿本閣本並作禾木方與上文相應今據改

大誥紹天明即命傳就其命而行之○行　殿本閣本並作言案文義原本行字爲長

子乃弗克播傳其子乃不肯播種○諸本子字上並無其字

微子之命除其邪虐傳放桀邪虐湯之德也○邪虐　殿本監本並作淫虐案傳釋經不當改邪作淫又諸本湯之德下無也字辭義似未足

尚書卷第八

康誥第十一

周書　孔氏傳

成王既伐管叔蔡叔滅三監以殷餘民封康叔以三監之民。國康叔爲衞侯。周公懲其數叛。故使賢母弟主之。○數所角反作康誥酒誥梓材康誥命康叔之誥。康圻內國名。叔封字。○梓音子惟三月哉生魄周公攝政七年三月。始生魄。月十六日。明消而魄生。○魄普白反周公初基作新大邑于東國洛。四方民大和會初造基。建作王城大都邑於東國洛汭。居天下土中。四方之民。大和悅而集會。侯甸男邦采衛百工播民和見士于周此五服諸侯。服五百里。侯服去王城千里。甸服千五百里。男服去王城二千里。采服二千五百里。衛服三千里。與禹貢異制。五服之百官。播率其民和悅。竝見即事于周。○見賢遍反周公咸勤乃洪大誥治周公皆勞勉五服之人。遂乃因大封命。大誥以治道。王若曰孟侯朕其弟小子封周公稱成王命。順康叔之德。命爲孟侯。孟長也。五侯之長。謂方伯。使康叔爲之。言王使我命其弟封。封康叔名。稱小子。明當受教訓惟乃丕顯考文王克明德慎罰惟汝大明父文王。能顯用俊德。慎去刑罰。以爲教首。○去羌呂反。下同不敢侮鰥寡。庸庸祗祗威威顯民惠恤窮民。不慢鰥夫寡婦。用可用。敬可敬。刑可刑。明此道以示民用肇造我區夏越我一二邦以修用此明德慎罰之道。始爲政於我區域諸夏。故於我一二邦。皆以修治我西土惟時怙冒聞于上帝帝休我西土岐周惟是怙恃文王之道。故其政教冒被四表。上聞于天。天美其治。○怙音戶。聞如字。又音問天乃大命文王殪戎殷誕受厥命天美文王。乃大命之殺兵殷。大受其王命。謂三分天下有其二。以授武王。○殪音翳越厥邦厥民惟時敘於其國。於其民。惟是次敘。皆文王教乃寡兄勗肆汝小子封在茲東土汝寡有之兄武王。勉行文王之道。故汝小子封。得在此東土爲諸侯○勗許玉反王曰嗚呼封汝念哉念我所以告汝之言今民將在祗遹乃文考紹聞衣德言今治民將在敬循汝文德之父。繼其所聞。服行其德言。以爲政教○遹音聿衣如字。徐於既反往敷求于殷先哲王用乂民汝往之國。當布求殷先智王之道。用安治民汝丕遠惟商耇成人宅心知訓汝當大遠求商家耇老成人之道。常以居心。則知訓民○耇音狗別求聞由古先哲王用康保民乂當別求所聞父兄用古先哲王之道。用其安者以安民弘于天若德裕。乃身不廢在王命大于天爲順德。則不見廢。常在王命王曰。嗚呼。小子封。恫瘝乃身。敬哉恫。痛。瘝。病。治民務除惡政。當如痛病在汝身欲去之。敬行我言。○恫音通瘝古頑反天畏棐忱。民情大可見。小人難保天德可畏。以其輔誠。人情大可見。以小人難安。○棐音匪往盡乃心。無康好逸豫。乃其乂民往當盡汝心爲政。無自安好逸豫寬身。其乃治民○盡徐子忍反好呼報反我聞曰。怨不在大。亦不在小。惠不惠。懋不懋不在大。起於小。不在小。小至於大。言怨不可爲故。當使不順者順。不勉者勉已。汝惟小子。乃服惟弘王應保殷民已乎。汝惟小子。乃當服行德政。惟弘大王道。上以應天。下以安我所受殷之民衆亦惟助王宅天命作新民弘王道。安殷民。亦所以惟助王者居順天命。爲民日新之教王曰。嗚呼。封。敬明乃罰歎而勑之。凡行刑罰。汝必敬明之。欲其重愼人有小罪非眚。乃惟終。自作不典式爾小罪非過失。乃惟終身行之。自爲不常。用犯汝。○眚所領反有厥罪小。乃不可不殺。乃有大罪非終。乃惟眚災適爾。既道極厥辜。時乃不可殺汝盡聽訟之理以極其罪。是人所犯。亦不可殺。當以罰宥論之王曰。嗚呼。封。有敘時乃大明服歎政教有次敘。是乃治理大明。則民服惟民其勑懋和民既服化。乃其自勑正勉爲和若有疾惟民其畢弃咎化惡爲善。如欲去疾。治之以理。則惟民其盡弃惡修善○咎其九反若保赤子。惟民其康乂愛養人如安孩兒赤子。不失其欲。惟民其皆安治非汝封刑人殺人言得刑殺罪人無或刑人殺人無以得刑殺人。而有妄刑殺非辜者非汝封又曰劓刵人劓截鼻。刵截耳。刑之輕者。亦言所得行○劓魚器反刵如志反無或劓刵人所以舉輕以戒。爲人輕行之王曰。外事。汝陳時臬司師。茲殷罰有倫言外土諸侯奉王事。汝當布陳是法。司牧其衆。及此殷家刑罰有倫理者兼用之。○臬魚列反又曰要囚。服念五六日至于旬時。丕蔽要囚要囚。謂察其要辭以斷獄。既得其辭。服膺思念五六日。至於十日。至于三月。乃大斷之。言必反覆思念。重刑之至也。○要於宵反蔽必世反王曰汝陳時臬事。罰蔽殷彝陳是法事。其刑罰斷獄。用殷家常法。謂典刑故事。○彝以支反。下同用其義刑義殺。勿庸以次汝封義。宜也。用舊法典刑。宜於時世者以刑殺。勿用以就汝封之心所安乃汝盡遜曰時敘惟曰未有遜事乃使汝所行盡順。曰是有次敘。惟當自謂未有順事。君子将興。自以爲不足已。汝惟小子。未其有若汝封之心。朕心朕德惟乃知已乎。他人未其有若汝封之心。言汝心最善。我心我德。惟汝所知。欲其明成王所以命已之款心凡民自得罪。寇攘姦宄殺。越人于貨凡民用得罪。爲寇盜攘竊姦宄。殺人顛越人。於是以取貨利。攘如羊反。宄音軌暋不畏死罔弗憝暋。强也。自强爲惡而不畏死。人無不惡之者。言當消絕之。暋音敏。憝徒對反。强其丈反王曰。封。元惡大憝。矧惟不孝不友大惡之人猶爲人所大惡。況不善父母。不友兄弟者乎。言人之罪惡。莫大於不孝不友子弗祗服厥父事。大傷厥考心爲人子不能敬身服行父道。而怠忽其業。大傷其父心。是不孝于父不能字厥子。乃疾厥子於爲人父不能字愛其子。乃疾惡其子。是不慈于弟弗念天顯。乃弗克恭厥兄於爲人弟不念天之明道。乃不能恭事其兄。是不恭兄亦不念鞠子哀。大不友于弟爲人兄亦不念稚子之可哀。大不篤友于弟。是不友。鞠居六反惟弔茲。不于我政人得罪惟人至此不孝。不慈。不友。不恭。不於我執政之人得罪乎。道教不至所致。弔音的天惟與我民彝大泯亂天與

我民五常。使父義。母慈。兄友。弟恭。子孝。而廢弃不行。是大滅亂天道。○泯武軫反

曰。乃其速由文王作罰。刑茲無赦言當速用文王所作違教之罰。刑此亂五常者。無得赦

不率大戛。矧惟外庶子訓人戛。常也。凡民不循大常之教。猶刑之無赦。況在外掌衆子之官主訓民者而親犯乎。○戛簡入反

惟厥正人。越小臣諸節惟其正官之人。於小臣諸有符節之吏。及外庶子。其有不循大常者。則亦在無赦之科

乃別播敷。造民大譽。弗念弗庸。瘝厥君。時乃引惡。惟朕憝汝今往之國。當分別播布德教。以立民大善之譽。若不念我言。不用我法者。病其君道。是汝長

乾隆四十八年

惡。惟我亦惡汝○別彼列反巳。汝乃其速由茲義率殺。亦惟君惟長汝乃其速用此典刑。宜於時世者。循理以刑殺。則亦惟君長之正道不能厥家人。越厥小臣外正。惟威惟虐。大放王命。乃非德用乂爲人君長而不能治其家人之道。則於其小臣外正官之吏。並爲威虐。大放棄王命。乃由非德用治之故汝亦罔不克敬典。乃由裕民。惟文王之敬忌常事人之所輕。故戒以無不能敬常。汝用寬民之道。當惟念文王之所敬忌而法之乃裕民曰。我惟有及。則予一人以懌汝行寬民之政。曰。我惟有及於古。則我一人以此悦懌汝

德。懌音亦

王曰封。爽惟民迪吉康明惟治民之道而善安之我時其惟殷先哲王德。用康乂民作求我是其惟殷先智王德。用安治民爲求等矧今民罔迪不適。不迪。則罔政在厥邦治民乃欲求等殷先智王。況今民無道不之。言從教也。不以道訓之。則無善政在其國

王曰封。予惟不可不監告汝德之說于罰之行我惟不可不監視古義。告汝施德之說。於罰之所行。欲其勤德慎刑。說如字

今惟民不靜。未戾厥心。迪屢未同假令今天下民不安。未定其心於周。教道屢數而未和同。設事之言。令力呈反數所角反

爽惟天其罰殛我。我其不怨。明惟天其以民不安罰誅我。我其不怨天。汝不治。我罰汝。汝亦不可怨我。殛音激惟厥罪無在大。亦無在多。矧曰其尚顯聞于天。民之不安。雖小邑少民。猶有誅罰。不在多大。況曰不慎罰明聞于天者乎。言罪大王曰。嗚呼。封。敬哉。無作怨。勿用非謀非彝。言當修己以敬。無爲可怨之事。勿用非善謀。非常法蔽時忱。丕則敏德。斷行是誠道。大法敏德。信則人任焉。敏則有功用康乃心。顧乃德。遠乃猷。用是誠道安汝心。顧省汝德。無令有非。遠汝謀。思爲長久裕乃以民寧。不汝瑕殄。行寬政乃以民安。則我不汝罪過。不絕亡汝王曰。嗚呼。肆汝小子封。惟命不于常以民安。則不絕亡汝故。當念天命之不於常。汝行善則得之。行惡則失之汝念哉。無我殄無絕棄我言而不念享明乃服命享有國土。當明汝所服行之命令使可則高乃聽。用康乂民高汝聽。聽先王道德之言。以安治民王若曰。往哉封。勿替敬典汝往之國。勿廢所宜敬之常法聽朕告汝。乃以殷民世享順從我所告之言。即汝乃以殷民世世享國。福流後世

酒誥第十二

周書 孔氏傳

酒誥〔康叔監殷民。殷民化紂嗜酒。故以戒酒誥〕王若曰。明大命于妹邦〔周公以成王命誥康叔。順其事而言之。欲令明施大教命於妹國。妹。地名。紂所都。朝歌以北是。○令力呈反。下同〕乃穆考文王肇國在西土〔父昭子穆。文王第稱穆。將言始國在西土。西土。岐周之政。○昭一音韶〕厥誥毖庶邦庶士。越少正。御事朝夕曰。祀茲酒〔文王其所告慎衆國衆士。於少正官。御治事吏。朝夕敕之。惟祭祀而用此酒。不常飲。○毖音祕。少詩照反〕惟天降命。肇我民惟元祀〔惟天下教命。始令我民知作酒者。惟爲祭祀。○爲于僞反。下同〕天降威。我民用大亂喪德。亦罔非酒惟行天下威罰使民亂德亦無非以酒爲行者言酒本爲祭祀亦爲亂行○行下孟反下同越小大邦用喪亦罔非酒惟辜於小大之國所用喪亡亦無不以酒爲罪也文王誥教小子有正有事無彝酒小子民之子孫也正官治事謂下羣吏教之皆無常飲酒越庶國飲惟祀德將無醉於所治衆國飲酒惟當因祭祀以德自將無令至醉惟曰我民迪小子惟土物愛厥心臧文王化我民教道子孫惟土地所生之物皆愛惜之則其心善聰聽祖考之彝訓越小大德小子惟一言子孫皆聰聽父祖之常教於小大之人

皆念德。則子孫惟專一妹土嗣爾股肱純。其藝黍稷奔走事厥考厥長。今往當使妹土之人。繼汝股肱之教。爲純一之行。其當勤種黍稷。奔走事其父兄。○長丁丈反。下同肇牽車牛遠服賈。用孝養厥父母。農功既畢。始牽車牛載其所有。求易所無。遠行賈賣。用其所得珍異。孝養其父母。○賈音古。養羊亮反厥父母慶。自洗腆致用酒。其父母善子之行。子乃自潔厚致用酒養也。○洗先典反。腆他典反庶士有正。越庶伯君子。其爾典聽朕教。衆伯君子。長官大夫統衆士有正者。其汝常聽我教。勿違犯爾大克羞耇惟君。爾乃飲食

酒誥

醉飽汝大能進老成人之道。則爲君矣。如此汝乃飲食醉飽之道。先戒羣吏以聽教。次戒康叔以君義。丕惟曰。爾克永觀省。作稽中德。我大惟教汝曰。汝能長觀省古道。爲考中正之德。則君道成矣。省悉井反爾尚克羞饋祀。爾乃自介用逸。能考中德。則汝庶幾能進饋祀於祖考矣。能進饋祀。則汝乃能自大用逸之道。饋其位反茲乃允惟王正事之臣。汝能以進老成人爲醉飽。考中德爲用逸。則此乃信任王者正事之大臣。茲亦惟天若元德。永不忘在王家。言此非但正事之臣。亦惟天順其大德而佑之。長不見忘在王家。王曰。封我西土棐徂邦君御事小子尚克用文王教不腆于酒我文王在西土輔訓往日國君及御治事者下民子孫皆庶幾能用上教不厚於酒言不常飲故我至于今克受殷之命以不厚於酒故我周家至于今能受殷王之命王曰封我聞惟曰在昔殷先哲王迪畏天顯小民聞之於古殷先智王謂湯蹈道畏天明著小民經德秉哲自成湯咸至于帝乙成王畏相能常德持智從湯至帝乙中間之王猶保成其王道畏敬輔相之臣不敢爲非○相息亮反下同惟御事厥棐有恭不敢自暇自逸惟殷御治事之臣其輔佐畏相之君有恭

（敬之德。不敢自寬暇。自逸豫。〔暇〕遐嫁反）矧曰其敢崇飲。（崇，聚也。自暇自逸猶不敢。況敢聚會飲酒乎。明無也。）越在外服。侯甸男衛邦伯。（於在外國。侯服。甸服。男服。衛服。國伯諸侯之長。言皆化湯畏相之德。）越在內服。百僚庶尹。惟亞惟服宗工。（於在內服。治事百官衆正。及次大夫。服事尊官。亦不自逸。）越百姓里居。（於百官族姓及卿大夫致仕居田里者。）罔敢湎于酒。不惟不敢。亦不暇。（自外服至里居。皆無敢沈湎于酒。非徒不敢。志在助君敬法。亦不暇飲酒。〔湎〕面善反）惟助成王德顯。越尹人祗辟。（所以不暇飲酒。惟助其君成王道。明其德。於正人之道。必正身敬法。其身正。不令而行。辟扶亦反我聞亦惟曰。在今後嗣王酣身嗣王。紂也。酣樂其身。不憂政事。酣戶甘反厥命罔顯于民祗保越怨不易言紂暴虐。施其政令於民。無顯明之德。所敬所安。皆在於怨。不可變易。易如字。馬以豉反。誕惟厥縱淫泆于非彝。用燕喪威儀。民罔不衋傷心紂大惟其縱淫泆于非常。用燕安喪其威儀。民無不衋然痛傷其心。縱子用反。泆音溢。衋許力反惟荒腆于酒。不惟自息乃逸言紂大厚於酒。晝夜不念自息。乃過差。差初佳反。厥心疾很。不克畏死紂疾很其心。不能畏死。言無忌憚。很胡懇反。

辜在商邑。越殷國滅無罹紂聚罪人在都邑而任之，於殷國滅亡無憂懼弗惟德馨香祀登聞于天。誕惟民怨紂不念發聞其德。使祀見享。升聞於天。大行淫虐。惟爲民所怨咎庶羣自酒腥聞在上。故天降喪于殷。罔愛于殷。惟逸紂衆羣臣。用酒沈荒腥穢聞在上天。故天下喪亡於殷。無愛於殷。惟以紂奢逸故。〇聞音問天非虐。惟民自速辜言凡爲天所亡。天非虐民。惟民行惡自召罪王曰。封予不惟若茲多誥我不惟若此多誥汝。我親行之古人有言曰。人無於水監。當於民監古聖賢有言。人無於水監。

當於民監。視水見已形。視民行事見吉凶。○監工陷反。下同今惟殷墜厥命。我其可不大監撫于時今惟殷紂無道。墜失天命。我其可不大視此爲戒。撫安天下於是予惟曰。汝劼毖殷獻臣劼固也。我惟告汝曰。汝當固慎殷之善臣信用之。○劼苦八反侯甸男衛。矧太史友。內史友侯甸男衛之國。當慎接之。況太史內史。掌國典法所賓友乎越獻臣百宗工。矧惟爾事。服休。服采於善臣百尊官。不可不慎。況汝身事。服行美道。服事治民乎矧惟若疇圻父。薄違農父圻父。司馬。農父。司徒。身事且宜敬慎。況所順疇咨之司馬乎。況能迫迴萬民之司徒乎。言任大。○圻巨依反○父音甫薄蒲各反若保宏父定辟。矧汝剛制于酒宏大也。宏父。司空。當順安之。司馬。司徒。司空。列國諸侯三卿。愼擇其人而任之。則君道定。況汝剛斷於酒乎。○辟必亦反厥或誥曰羣飲汝勿佚其有誥汝曰。民羣聚飲酒。不用上命。則汝收捕之。勿令失也。○佚音逸盡執拘以歸于周予其殺盡執拘羣飲酒者以歸於京師。我其擇罪重者而殺之。○盡子忍反又惟殷之迪諸臣惟工乃湎于酒。勿庸殺之又惟殷家蹈惡俗諸臣。惟衆官化紂日久。乃沈湎於酒。勿用法殺之。○惡烏各反姑惟教之有斯明享以其漸染惡俗。故必三申法令。

且惟敎之。則汝有此明訓以享國乃不用我敎辭。惟我一人弗恤。弗蠲乃事。時同于殺汝若忽怠不用我敎辭。惟我一人不憂汝。乃不潔汝政事。是汝同於見殺之罪王曰封。汝典聽朕毖當常聽念我所愼而篤行之勿辯乃司民湎于酒辯。使也。勿使汝主民之吏湎於酒。言當正身以帥民

梓材第十三

周書　孔氏傳

梓材告康叔以爲政之道。亦如梓人治材。梓音子王曰封。以厥庶

民。暨厥臣達大家言當用其衆人之賢者，與其小臣之良者。以通達卿大夫。及都家之政於國。○暨其器反以厥臣達王惟邦君汝當信用其臣。以通王教於民。言通民事於國。通王教於民。惟乃國君之道汝若恆越曰。我有師師汝爲君道使順常。於是曰我有典常之師可師法司徒。司馬。司空。尹旅。曰。予罔厲殺人言國之三卿。正官。衆大夫。皆順典常。而曰我無厲虐殺人之事。如此則善矣亦厥君先敬勞。肆徂厥敬勞亦其爲君之道。當先敬勞民。故汝往治民。必敬勞來之。○勞力報反。下同。○來力代反肆往。姦宄。殺人。歷人宥以民當敬勞之。故汝往之

國。又當詳察姦宄之人。及殺人。賊所過歷之人。有所寬宥。亦所以敬勞之。○宄音軌

肆亦見厥君事戕敗人宥聽訟折獄。當務從寬恕。故往治民。亦當見其爲君之事。察民以過誤殘敗人者。當寬宥之。○見如字。又賢遍反。戕在羊反

王啓監厥亂爲民言王者開置監官。其治爲民。不可不勉。○監工暫反。又工銜反。下同。爲于僞反

曰無胥戕無胥虐至于敬寡至于屬婦合由以容當教民無得相殘傷。相虐殺。至於敬養寡弱。至於存恤妾婦。和合其教。用大道以容之。無令見寃枉。○屬音蜀。妾之事妻也

王其效邦君。越御事厥命曷以王者其效實國君。及於御治事者。知其教命所施何

梓材

用。不可不勤引養引恬自古王若茲監罔攸辟能長養民。長安民。用古王道如此監。無所復罪。當務之。○恬田廉反辟扶亦反惟曰若稽田既勤敷菑惟其陳修爲厥疆畎言爲君監民。惟若農夫之考田。已勞力布發之。惟其陳列修治。爲其疆畔畎壟。然後功成。以喻教化。○菑側其反畎工犬反若作室家既勤垣墉惟其塗墍茨如人爲室家。已勤立垣牆。惟其當塗墍茨蓋之。○垣音袁墉音庸。卑曰垣。高曰墉。墍許既反茨在私反若作梓材既勤樸斲惟其塗丹雘爲政之術。如梓人治材爲器。已勞力樸治斲削。惟其當塗以漆。丹以朱。而後成。以言教化亦須禮義然後治。○樸音朴。斲丁角反。臒枉略反。徐烏郭反。今王惟曰。先王既勤用明德。懷爲夾。言文武已勤用明德。懷遠爲近。汝治國當法之。○夾音協。近也。庶邦享作兄弟。方來。亦既用明德。衆國朝享於王。又親仁善鄰爲兄弟之國。方方皆來賓服。亦已奉用先王之明德。后式典集。庶邦丕享。君天下能用常法。則和集衆國。大來朝享。皇天既付中國民越厥疆土于先王。肆大天已付周家治中國民矣。能遠拓其界壤。則於先王之道遂大。○付如字。王惟德用。和懌先後迷民。用懌先王受命。今王惟用德。和悅先後天下迷愚之民。先後。謂教訓。所以悦先王受命之義。○懌音亦。先悉薦反。注同。已若茲監。惟曰。欲至于萬年惟王。爲監所行。已如此所陳法。則我周家惟欲使至於萬年承奉王室。○監古陷反。子子孫孫永保民。又欲令其子孫。累世長居國以安民。

召誥第十四

周書　　孔氏傳

成王在豐。欲宅洛邑。武王克商。遷九鼎於洛邑。欲以爲都。故成王居焉。使召公先相宅。相所居而卜之。遂以陳戒。○召時照反。相息亮反。下同作召誥召誥（召公以成王新即政。因相宅以作誥）惟二月既望（周公攝政七年。二月十五日。日月相望。因紀之）越六日乙未王朝步自周則至于豐（於巳望後六日。二十一日。成王朝行從鎬京。則至于豐。以遷都之事告文王廟。告文王則告武王可知。以祖見考。○鎬胡老反。見賢遍反）惟太保先周公相宅（太保。三公官名。召公也。召公於周公前相視洛居。周公後往。○先悉薦反。又如字）越若來三月惟丙午朏越三日戊申太保朝至于洛卜宅（朏。明也。月三日明生之名。於順來三月丙午朏。於朏三日。三月五日。召公早朝至於洛邑。相卜所居。○朏芳尾反。又普沒反厥既得卜則經營其已得吉卜則經營規度城郭郊廟朝市之位處。(度)待洛反越三日庚戌太保乃以庶殷攻位于洛汭。越五日甲寅位成於戊申三日庚戌以衆殷之民治都邑之位於洛水北。今河南城也。於庚戌五日所治之位皆成。言衆殷本其所由來。(汭)如銳反若翼日乙卯周公朝至于洛周公順位成之明日。而朝至于洛汭則達觀于新邑營周公通達觀新邑所營。言周偏越三日丁巳用牲于郊。牛二於乙卯三日。用牲告立郊位於天。以后稷配。故二牛。后稷貶於天。有羊豕。羊豕不見可知越翼日戊午乃社于新邑。牛一。羊一。豕一告立社稷之位。用太牢也。共工氏子曰句龍。能平水土。祀以爲社。周祖后稷。能殖百穀。祀以爲稷。社稷共牢越七日甲子。周公乃朝用書。命庶殷侯。甸。男。邦伯於戊午七日甲子。是時諸侯皆會。故周公乃昧爽以賦功屬役書。命衆殷侯甸男服之邦伯使就功。邦伯。方伯。即州牧也。○屬音燭厥既命殷庶。庶殷丕作其已命殷衆。衆殷之民大作。言勸事太保乃以庶邦冢君出取幣。乃復入諸侯公卿竝覲於王。王與周公俱至。文不見王。無事。召公與諸侯出取幣。欲因大會顯周公。○復扶又反錫周公曰。拜手稽首。旅王若公召公以幣入。稱成王命賜周公曰。敢拜手稽首。陳王所宜順周公之事**誥告庶殷越自乃御事**召公指戒成王。而以衆殷諸侯。於自乃御治事爲辭。謙也。諸侯在。故託焉**嗚呼。皇天上帝。改厥元子。茲大國殷之命**歎皇天改其太子。此大國殷之命。言紂雖爲天所太子。無道猶改之。言不可不慎**惟王受命。無疆惟休。亦無疆惟恤**所以戒成王。天改殷命。惟其王受之。乃無窮惟美。亦無窮惟當憂之**嗚呼。曷其奈何弗敬**何其奈何不憂敬之。欲其行敬之**天既遐終大邦殷之命。茲殷多先哲王在天**言天已遠終殷命。此殷多先智王精神在天。不能救者。以紂不

乾隆四十八年

行敬故。越厥後王後民。茲服厥命。於其後王後民。謂先智王之後。繼世君臣。此服其命。言不忝。厥終智藏瘝在。其終。後王之終。謂紂也。賢智隱藏。瘝病者在位。言無良臣。○瘝工頑反。夫知保抱攜持厥婦子。以哀籲天。徂厥亡出執。言困於虐政。夫知保抱其子。攜持其妻。以哀號呼天。告冤無辜。往其逃亡。出見執殺。無地自容。所以窮。○夫如字。籲音喻。嗚呼。天亦哀于四方民。其眷命用懋。民哀呼天。天亦哀之。其顧視天下有德者。命用勉敬者爲民主。王其疾敬德。相古先民有夏。言王當疾行敬德。視古先民有夏之王。以爲法。戒之。天迪從子保。面稽天若。今時既墜厥命夏禹能敬德。天道從而子安之。禹亦面考天心而順之。今是桀弃禹之道。天已墜其王命。今相有殷次復觀有殷。天迪格保。面稽天若言天道所以至於保安湯者。亦如禹。今時既墜厥命墜其王命。今沖子嗣。則無遺壽耇童子。言成王少。嗣位治政。無遺弃老成人之言。欲其法之曰。其稽我古人之德。矧曰其有能稽謀自天沖子成王。其考行古人之德則善矣。況曰其有能考謀從天道乎。言至善嗚呼。有王雖小。元子哉。其丕能諴于小民。今休召公歎曰。有成王雖少。而大爲天所子。其大能和於小民。咸令之美。勉之。○諴音咸王不敢後用。顧畏于民嵒。王爲政。當不敢後能用之士。必任之爲先。嵒。僭也。又當顧畏於下民僭差禮義。能此二者。則德化立而美道成。○嵒五咸反王來紹上帝。自服于土中。言王今來居洛邑。繼天爲治。躬自服行教化於地勢正中。旦曰。其作大邑。其自時配皇天稱周公言。其爲大邑於土中。其用是大邑配上天而爲治毖祀于上下。其自時中乂爲治當慎祀于天地。則其用是土中大致治王厥有成命。治民今休用是土中致治。則王其有天之成命。治民今獲太平之美王先服殷御事。比介于我有周御事召公既述周公所言。又自陳巳意以終其戒。言當先服治殷家御事之臣。使比近於我有周治事之臣。必和協乃可一。比毗志反節性惟日其邁和比殷周之臣。時節其性。令不失中。則道化惟日其行王敬作所不可不敬德敬為所不可不敬之德。則下敬奉其命矣我不可不監于有夏亦不可不監于有殷言王當視夏殷。法其歷年。戒其不長我不敢知曰有夏服天命惟有歷年以能敬德故。多歷年數。我不敢獨知。亦王所知我不敢知曰不其延惟不敬厥德乃早墜厥命言桀不謀長久。惟以不敬其德故。乃早墜失其王命。亦王所知。我不敢知曰有殷受天命惟有歷年夏言服。殷言受。明受而服行之。互相兼也。殷之賢王猶夏之賢王。所以歷年。亦王所知。我不敢知曰不其延惟不敬厥德乃早墜厥命紂早墜其命。猶桀不敬其德。亦王所知。今王嗣受厥命我亦惟茲二國命嗣若功其。夏殷也。繼受其王命。亦惟當以此夏殷長短之命爲監戒。繼順其功德者而法則之。王乃初服嗚呼若生子罔不在厥初生自貽哲命言王新即政。始服行教化。當如子之初生。習爲善則善矣。自遺智命。無不在其初生。爲政之道。亦猶是也。○遺去聲今天其命

召誥

哲命。吉凶命。歷年。（今天制此三命。惟人所修。修敬德。則有智。則常吉。則歷年。爲不敬德。則愚。凶。不長。雖說之於天。其實在人。）知今我初服。宅新邑。肆惟王其疾敬德。（天已知我王今初服政。居新邑洛都。故惟王其當疾行敬德。）王其德之用。祈天永命。（言王當其德之用。求天長命以歷年。）其惟王勿以小民淫用非彝。（勿用小民過用非常。欲其重民秉常。）亦敢殄戮用乂民。（亦當果敢絕刑戮之道用治民。戒以慎罰。）若有功。其惟王位在德元。（順行禹湯所有成功。則其惟王居位在德之首。）小民乃惟刑用于天下。越王顯。（王在德元。）

則小民乃惟用法於天下。言治政於王亦有光明上下勤恤。其曰我受天命。丕若有夏歷年。式勿替有殷歷年。言當君臣勤憂敬德。曰我受天命。大順有夏之多歷年。勿用廢有殷歷年。庶幾兼之欲王以小民受天永命。我欲王用小民受天長命。言常有民拜手稽首曰。予小臣敢以王之讎民百君子拜手。首至手。稽首。首至地。盡禮致敬。以入其言。言我小臣謙辭。敢以王之匹民百君子。治民者非一人。言民在下。自上匹之越友民。保受王威命明德。言與匹民百君子於友愛民者。共安受王之威命明德。奉行之王末有成命。王亦顯臣下安受王命。則王終有天成命。於王亦昭著我非敢勤。惟恭奉幣。用供王。能祈天永命言我非敢獨勤而已。惟恭敬奉其幣帛。用供待王。能求天長命。將以慶王多福。必上下勤恤。乃與小民受天永命。○奉如字。又芳孔反供音恭。又紀用反

尚書卷第八

乾隆四十八年

武英殿仿宋本

相臺岳氏刻梓荊谿家塾

召誥

舉人臣胡鈺敬書

尚書卷八考證

康誥我西土惟時怙冒聞于上帝。原本于冒字絕句而　殿本則以冒字屬下案趙岐注孟子引此亦作冒聞于上帝宋儒始以惟時怙冒爲句于義頗優原本從之

惟其塗丹雘傳以言教化亦須禮義然後洽。洽諸刻本並作治字之訛也義亦可通

召誥王朝步自周則至于豐傳以遷都之事告文王廟。案　殿本告作至句讀亦與此互異

三月惟丙午朏。漢書引此惟字在三月之上

用顧畏于民嵒傳嵒僭也。蘇軾曰嵒險也義與此殊

第九

十五

周書　孔氏傳

公既相宅。周公往營成周。使來告卜。召公先相之。周公自後至。經營作之。遣使以所吉兆逆告成王○相息亮反使所吏反作

洛誥。洛誥既成洛邑。將致政成王。告以居洛之義周公拜手稽首曰。朕復子明辟周公盡禮致敬。言我復還明君之政於子。子。成王。年二十成人。故必歸政而退老○辟必亦反王如弗敢及天基命定

命如。往也。言王往日幼少。不敢及知天始命周家安定天下之命。故已攝予乃胤保。大相東土。其基作民明辟。我乃繼文武安天下之道。大相洛邑。其始爲民明君之治。予惟乙卯朝至于洛師。致政在冬。本其春來至洛衆。說始卜定都之意。我卜河朔黎水。我乃卜澗水東。瀍水西。惟洛食。我使人卜河北黎水上。不吉。又卜澗瀍之閒。南近洛。吉。今河南城也。卜必先墨畫龜。然後灼之。兆順食墨。○瀍音纏我又卜瀍水東。亦惟洛食。伻來以圖。及獻卜。今洛陽也。將定下都。遷殷頑民。故并卜之。遣使以所卜地圖。及獻所卜吉兆。來告成王。○伻普庚反王拜

洛誥

手稽首曰。公不敢不敬天之休。來相宅。其作周匹休成王尊敬周公。荅其拜手稽首而受其言。述而美之。言公不敢不敬天之美來相宅。其作周以配天之美公既定宅。伻來。來視予卜休恒吉。我二人共貞言公前已定宅。遣使來。來視我以所卜之美。常吉之居。我與公共正其美公其以予萬億年敬天之休公其當用我萬億年。敬天之美。十千為萬。十萬為億。言久遠拜手稽首誨言成王盡禮致敬於周公。求教誨之言周公曰。王肇稱殷禮。祀于新邑。咸秩無文言王當始舉殷家祭祀。以禮典祀于新邑。皆次秩不在禮文者

而祀之予齊百工。伻從王于周。予惟曰。庶有事
我整齊百官。使從王於周行其禮典。我惟曰。庶幾有善政事今王即命曰。
記功宗以功作元祀今王就行王命於洛邑。曰。當記人之功。尊人亦
當用功大小爲序。有大功則列大祀。謂功施於民者惟命曰汝受命篤。
弼丕視功載。乃汝其悉自教工惟天命我周邦。汝受天命
厚矣。當輔大天命。視羣臣有功者記載之。乃汝新即政。其當盡自教衆官。躬化之孺
子其朋。孺子其朋。其往少子慎其朋黨。少子慎其朋黨。戒其自今
已往無若火始燄燄。厥攸灼敘。弗其絕言朋黨敗俗。所

宜禁絕。無令若火始然。燄燄尚微。其所及灼然有次序。不其絕。事從微至著。防之宜以初。○燄音豔。敘絕句。馬讀敘字屬下。

厥若彝及撫事如予。惟以在周工。其順常道。及撫國事。如我所爲。惟用在周之百官。往新邑。伻嚮即有僚。明作有功。惇大成裕。汝永有辭。往行政化於新邑。當使臣下各嚮就有官。明爲有功。厚大成寬裕之德。則汝長有歎譽之辭於後世。○嚮許亮反。惇都昆反。

公曰。已。汝惟沖子惟終。已乎。汝惟童子。嗣父祖之位。惟當終其美業。汝其敬識百辟享。亦識其有不享。多儀。儀不及物。惟曰不享。奉上謂之享。言

汝爲王。其當敬識百君諸侯之奉上者。亦識其有違上者。奉上之道多威儀。威儀不及禮

物。惟曰不奉上惟不役志于享。凡民惟曰不享。惟事

其爽侮言人君惟不役志於奉上。則凡人化之。惟曰不奉上矣。如此則惟政事其

差錯侮慢。不可治理。乃惟孺子。頒朕不暇。聽朕教汝于

棐民彝我爲政常若不暇。汝惟小子。當分取我之不暇而行之。聽我教汝於輔民

之常而用之。○棐音匪汝乃是不蘉。乃時惟不永哉汝乃

是不勉爲政。汝是惟不可長哉。欲其必勉爲可長。○蘉莫剛反篤敘乃正父。

罔不若予。不敢廢乃命厚次序汝正父之道而行之。無不順我所

（爲。則天下不敢弃汝命。常奉之）汝往敬哉。茲予其明農哉。彼裕我民無遠用戾（汝往居新邑。敬行教化哉。如此。我其退老。明教農人以義哉。彼天下被寬裕之政。則我民無遠用來。言皆來。○被皮寄反）王若曰。公明保予沖子（成王順周公意。請留之自輔。言公當明安我童子。不可去之）公稱丕顯德。以予小子。揚文武烈（言公當留。舉大明德。用我小子。褒揚文武之業而奉順天。○褒薄謀反。切韻博毛反）奉荅天命。和恒四方民。居師（又當奉當天命。以和常四方之民。居處其衆）惇宗將禮。稱秩元祀。咸秩無文（厚尊大禮。舉秩大祀。皆次敘無禮文）

而宜在祀典者。凡此待公而行。惟公德明光于上下。勤施于四方言公明德光於天地。勤政施於四海。萬邦四夷。服仰公德而化之旁作穆穆迓衡。不迷文武勤教四方旁來爲敬敬之道。以迎太平之政。不迷惑於文武所勤之教。言化洽。○旁步光反迓五嫁反予沖子夙夜毖祀言政化由公而立。我童子徒早起夜寐慎其祭祀而已。無所能。○毖音祕王曰。公功棐迪篤。罔不若時公之功。輔道我已厚矣。天下無不順而是公之功王曰。公予小子其退即辟于周。命公後我小子退坐之後。便就君於周。命立公後。公當留佐我四方迪亂未。

定于宗禮。亦未克敉公功言四方雖道治。猶未定於尊禮。禮未彰。是亦未能撫順公之大功。明不可以去。敉亡婢反迪將其後。監我士師工公留教道將助我其今已後之政。監篤我政事衆官。委任之言。監工銜反誕保文武受民。亂爲四輔大安文武所受之民。治之爲我四維之輔。明當依倚公王曰。公定。予往已。公功肅將祗歡公留以安定我。我從公言。往至洛邑已矣。公功已進大。天下咸敬樂公功公無困哉。我惟無斁其康事。公勿替刑。四方其世享公必留。無去以困我哉。我惟無厭其安天下事。公勿去以廢法。則四方其世世享公之德。斆音亦周公拜手稽首曰。王命予來。承保乃文祖受命民拜而後言。許成王留。言王命我來。承安汝文德之祖文王所受命之民。是所以不得去越乃光烈考武王。弘朕恭於汝大業之父武王。大使我恭奉其道。敘成王留已意孺子來相宅。其大惇典殷獻民少子今所以來相宅於洛邑。其大厚行典常於殷賢人亂爲四方新辟。作周恭先言當治理天下。新其政化。爲四方之新君。爲周家見恭敬之王。後世所推先也曰其自時中乂。萬邦咸休。惟王有成績曰。其當用是土中爲治。使萬國皆被美德。如此。惟王乃有成功予旦以多子越御事。篤前人成烈。荅其師。作周孚先。我旦以衆卿大夫。於御治事之臣。厚率行先王成業。當其衆心。爲周家立信者之所推先考朕昭子刑。乃單文祖德。伻來毖殷。乃命寧。我所成明子法。乃盡文祖之德。謂典禮也。所以居土中。是文武使已來慎教殷民。乃見命而安之。○單音丹予以秬鬯二卣。曰明禋。拜手稽首休享。周公攝政七年。致太平。以黑黍酒二器。明潔致敬。告文武以美享。既告而致政。成王留之。故本而說之。○秬音巨鬯音暢卣音酉禋音因予不敢宿。則禋于文王武王。言我見天下太平。則潔告文武不經宿。惠篤敘。無有遘自疾。萬年猒于乃德。殷乃引考。汝爲政當順典常厚行之。使有次序。無有遇用患疾之道者。則天下萬年猒於汝德。殷乃長成爲周。○遘工豆反。猒於豔反。飫也。王伻殷乃承敘萬年其永觀朕子懷德。王使殷民上下相承有次序。則萬年之道。民其長觀我子孫而歸其德矣。勉使終之。戊辰。王在新邑。成王既受周公誥遂就居洛邑。以十二月戊辰晦到。烝祭歲。文王騂牛一。武王騂牛一。王命作冊逸祝冊。惟告周公其後。明月夏之仲冬。始於新邑烝祭。故曰烝祭歲。古者褒德賞功。必於祭日。示不專也。特加文武各一牛。告白尊周公。立其後爲魯侯。烝之承反騂息營反祝之又反。一之六反**王賓殺禋咸格。**王賓異周公。殺牲精意以享文武。皆至其廟親告也。太室。清廟**王入太室祼**祼鬯告神。祼官喚反**王命周公後。作冊逸誥。**王爲冊書使史逸誥伯禽封命之書。皆同在烝祭日。周公拜前。魯公拜後**在十有二月。惟周公誕保文武受命。惟七年**言周公攝政。盡此十二月。大安文武受命之事。惟七年。天下太平。自戊辰以下。史所終述。誕保文武受命絕句。馬同。惟七年。周公攝政七年。天下太平。馬同。鄭云。文王武王受命。及周公居攝。皆七年

多士第十六

周書　孔氏傳

成周既成洛陽。下都。遷殷頑民殷大夫士。心不則德義之經。故徙近王都教誨之。周公以王命誥稱成王命告令之。作多士。多士所告者即衆士。故以名篇。惟三月。周公初于新邑洛。用告商王士周公致政。明年三月。始於新邑洛。用王命告商王之衆士。王若曰。爾殷遺多士順其事稱以告殷遺餘衆士。所順在下。弗弔。旻天大降喪于殷稱天以愍下。言愍道至者。殷道不至。故旻天下喪亡於殷。○弔音的。旻閔巾反。喪息浪反。我有周佑命。將天明威言我有周受天佑助之命。故得奉天明威致王罰。勑殷命終于帝。天命周致王者之誅罰。正黜殷命。終周於帝王肆爾多士。非我小國敢弋殷命天佑我。故汝衆士臣服我。弋取也。非我敢取殷王命。乃天命。（弋）音翼惟天不畀允罔固亂。弼我。我其敢求位惟天不與信無堅固治者。故輔佐我。我其敢求天位乎。（畀）必利反惟帝不畀。惟我下民秉爲。惟天明畏惟天不與紂。惟我周家下民秉心爲我。皆是天明德可畏之效。（爲）于僞反

我聞曰。上帝引逸。有夏不適逸。則惟帝降格。言上天欲民長逸樂。有夏桀爲政不之逸樂。故天下至戒以譴

告之嚮于時夏弗克庸帝大淫泆有辭天下至戒。是嚮於時夏不背弃。桀不能用天戒。大爲過逸之行。有惡辭聞於世。○嚮許亮反。于時夏絕句。馬以時字絕句○泆音逸惟時天罔念聞厥惟廢元命降致罰惟是桀惡有辭。故天無所念聞。言不佑。其惟廢其大命。下致天罰乃命爾先祖成湯革夏俊民甸四方天命湯更代夏。用其賢人治四方。○甸徒遍反自成湯至于帝乙罔不明德恤祀自帝乙以上。無不顯用有德。憂念齊敬。奉其祭祀。言能保宗廟社稷。○齊側皆反亦惟天丕建保乂有殷殷王亦罔敢失帝罔不配天其澤湯既革夏。亦惟天大立安治於殷。殷家諸王。皆能憂念祭祀。無敢失天道者。故無不配天布其德澤在今後嗣王。誕罔顯于天矧曰其有聽念于先王勤家後嗣王。紂。大無明於天道。行昏虐。天且忽之。況曰其有聽念先祖勤勞國家之事乎誕淫厥泆罔顧于天。顯民祗言紂大過其過。無顧於天。無能明人爲敬。暴亂甚惟時上帝不保。降若茲大喪惟是紂惡。天不安之。故下若此大喪亡之誅。○喪息浪反惟天不畀不明厥德。凡四方小大邦喪罔非有辭于罰惟天不與不明其德者。故凡四方小大國喪滅。無非有辭於天

乾隆四十八年

所罰。言皆有闇亂之辭王若曰。爾殷多士。今惟我周王。丕靈承帝事。周王。文武也。大神奉天事。言明德恤祀有命曰割殷。告勑于帝。天有命。命周割絕殷命。告正於天。謂既克紂。柴於牧野告天。不頓兵傷士惟我事不貳適。惟爾王家我適。言天下事已之我周矣。不貳之他。惟汝殷王家已之我。不復有變予其曰。惟爾洪無度。我不爾動。自乃邑。我其曰。惟汝大無法度。謂紂無道。我不先動誅汝。亂從汝邑起。言自召禍予亦念天即于殷大戾。肆不正。我亦念天就於殷大罪而加誅者故。以紂不能正身念法王曰。猷告爾多士。予惟時其遷居西爾以道告汝衆士。我惟汝未達德義。是以徙居西汝。於洛邑教誨汝非我一人奉德不康寧。時惟天命我徙汝。非我天子奉德不能使民安之。是惟天命宜然無違朕不敢有後。無我怨汝無違命。我亦不敢有後誅。汝無怨我惟爾知惟殷先人。有冊有典。殷革夏命言汝所親知殷先世有冊書典籍。說殷改夏王命之意今爾又曰。夏迪簡在王庭。有服在百僚簡。大也。今汝又曰。夏之衆士蹈道者大在殷王庭。有服職在百官。言見任用予一人惟聽用德。肆予敢求爾于天邑商言我周亦法殷家。惟聽用有德。故我敢求汝於天邑商。將任用之予惟率肆矜爾。非予罪。時惟天命。惟我循殷故事。憐愍汝。故徙教汝。非我罪咎。是惟天命王曰。多士。昔朕來自奄。予大降爾四國民命。昔我來從奄。謂先誅三監。後伐奄淮夷。民命。謂君也。大下汝民命。謂誅四國君我乃明致天罰。移爾遐逖。比事臣我宗多遜。四國君叛逆。我下其命。乃所以明致天罰。今移徙汝於洛邑。使汝遠於惡俗。比近臣我宗周。多爲順道。逖他歷反比毗志反王曰。告爾殷多士。今予惟不爾殺。予惟時命有申。所以徙汝。是我不欲殺汝故。惟是教命申戒之今朕作大邑于茲洛。予惟四方罔攸賓今我作此洛邑以待四方。無有遠近。無所賓外亦惟爾多士攸服奔走臣我多遜非但待四方。亦惟汝衆士。所當服行。奔走臣我。多爲順事爾乃尚有爾土。爾乃尚寧幹止汝多爲順事。乃庶幾還有汝本土。乃庶幾安汝故事止居。以反所生誘之爾克敬。天惟畀矜爾汝能敬行順事。則爲天所與。爲天所憐爾不克敬。爾不啻不有爾土。予亦致天之罰于爾躬汝不能敬順。其罰深重。不但不得還本土而已。我亦致天罰於汝身。言刑殺○啻始豉反今爾惟時宅爾邑。

繼爾居。爾厥有幹有年于茲洛今汝惟是敬順居汝邑。繼汝所當居爲。則汝其有安事。有豐年。於此洛邑。言由洛修善。得還本土。有幹有年。爾小子。乃興從爾遷汝能敬。則子孫乃起從汝化而遷善。王曰又曰時予。乃或言爾攸居言汝衆士當是我。勿非我也。我乃有教誨之言。則汝所當居行。

無逸第十七

周書　孔氏傳

周公作無逸中人之性好逸豫。故戒以無逸。無逸成王即政。恐其逸豫。

故以所戒名篇

周公曰。嗚呼。君子所其無逸。歎美君子之道。所在念德。其無逸豫。君子且猶然。況王者乎。先知稼穡之艱難。乃逸。則知小人之依。稼穡農夫之艱難事。先知之。乃謀逸豫。則知小人之所依怙。相小人。厥父母勤勞稼穡。厥子乃不知稼穡之艱難。視小人不孝者。其父母躬勤艱難。而子乃不知其勞。○相息亮反乃逸乃諺。既誕。否則侮厥父母曰。昔之人無聞知。小人之子。既不知父母之勞。乃為逸豫遊戲。乃叛諺不恭。已欺誕父母。不欺。則輕侮其父母曰。古老之人。無所聞知。○諺五旦反

周公曰。嗚呼。我

聞曰。昔在殷王中宗（太戊也。殷家中世。尊其德。故稱宗。）嚴恭寅畏天命。自度（言太戊嚴恪恭敬。畏天命。用法度。）治民祗懼。不敢荒寧（為政敬身畏懼。不敢荒怠自安。）肆中宗之享國。七十有五年（以敬畏之故。得壽考之福。）其在高宗時。舊勞于外。爰暨小人（武丁。其父小乙。使之久居民間。勞是稼穡。與小人出入同事。）作其即位。乃或亮陰。三年不言（武丁起其即王位。則小乙死。乃有信默。三年不言。言孝行著。）其惟不言。言乃雍。不敢荒寧（在喪則其惟不言。喪畢發言。則天下和。亦法中宗。不敢荒怠自安。）嘉靖殷邦。至于小大無時或怨善謀殷國。至于小大之政。人無是有怨者。言無非。肆高宗之享國五十有九年高宗爲政。小大無怨。故亦享國永年。其在祖甲不義惟王舊爲小人湯孫太甲。爲王不義。久爲小人之行。伊尹放之桐。作其即位爰知小人之依。能保惠于庶民不敢侮鰥寡在桐三年。思集用光。起就王位。於是知小人之所依。依仁政。故能安順於衆民。不敢侮慢惸獨。○惸求營反肆祖甲之享國三十有三年太甲亦以知小人之依。故得久年。此以德優劣。立年多少。爲先後。故祖甲在下。殷家亦祖其功。故稱祖自時厥後立王生則逸。從是三王，各承其後而立者，生則逸豫無度。生則逸，不知稼穡之艱難，言與小人之子同其敝。不聞小人之勞，惟耽樂之從。過樂謂之耽。惟樂之從，言荒淫。○耽，丁南反。樂，音洛。自時厥後，亦罔或克壽。以耽樂之故，從是其後，亦無有能壽考。或十年，或七八年，或五六年，或四三年。高者十年，下者三年。言逸樂之損壽。周公曰：嗚呼！厥亦惟我周太王、王季，克自抑畏。太王，周公曾祖。王季，即祖。言皆能以義自抑畏，敬天命。將說文王，故本其父祖。文王卑服，即康功田功。文王節儉，卑其衣服，以就

無逸

其安人之功。以就田功。以知稼穡之艱難徽柔懿恭。懷保小民。惠鮮鰥寡以美道和民。故民懷之。以美政恭民。故民安之。又加惠鮮乏鰥寡之人。(鮮)息淺反。注同自朝至于日中昃。不遑暇食。用咸和萬民從朝至日昳不暇食。思慮政事。用皆和萬民。(昃)音側(昳)田節反文王不敢盤于遊田。以庶邦惟正之供文王不敢樂於遊逸田獵。以衆國所取法則。當以正道供待之故。(供)音恭文王受命惟中身。厥享國五十年文王九十七而終。中身即位時年四十七。言中身舉全數周公曰。嗚呼。繼自今嗣王繼從今已往嗣世之王。皆戒之則其無淫于觀于逸于遊于田以萬民惟正之供所以無敢過於觀遊逸豫田獵者用萬民當惟正身以供待之故無皇曰今日耽樂乃非民攸訓非天攸若時人丕則有愆無敢自暇曰惟今日樂後日止夫耽樂者乃非所以教民非所以順天是人則大有過矣○愆起虔反無若殷王受之迷亂酗于酒德哉以酒爲凶謂之酗言紂心迷政亂以酗酒爲德戒嗣王無如之○酗況付反

周公曰嗚呼我聞曰古之人猶胥訓告胥保惠胥教誨歎古之君臣雖君明臣良猶相道告相安順相教誨以義方民

無逸

無或胥譸張爲幻譸張，誑也。君臣以道相正。故下民無有相欺誑幻惑也。○譸竹求反幻音患此厥不聽人乃訓之乃變亂先王之正刑至于小大此其不聽中正之君。人乃教之以非法。乃變亂先王之正法。至于小大。無不變亂。言已有以致之民否則厥心違怨。否則厥口詛祝以君變亂正法。故民否則其心違怨。否則其口詛祝。言皆患其上。○詛側助反祝之又反周公曰。嗚呼。自殷王中宗及高宗及祖甲及我周文王。茲四人迪哲言此四人。皆蹈智明德以臨下厥或告之曰。小人怨汝詈汝。則皇自敬德其有告之言小人怨詈汝者。則大自敬德。增修善政。○詈力智反厥愆。曰朕之愆。允若時。不啻不敢含怒其人有過。則曰我過。百姓有過。在予一人。信如是怨詈。則四王不啻不敢含怒以罪之。言常和悅此厥不聽。人乃或譸張為幻。曰小人怨汝詈汝。則信之此其不聽中正之君。有人誑惑之。言小人怨憾詛詈汝。則信受之則若時。不永念厥辟。不寬綽厥心則如是信讒者。不長念其為君之道。不寬緩其心。言含怒亂罰無罪。殺無辜。怨有同。是叢于厥身信讒含怒。罰殺無罪。則天下同怨讎之。叢聚於其身。○叢才工反

周公曰。嗚呼。嗣王其監于茲視此亂罰之禍以爲戒

尚書卷第九

相臺岳氏刻梓荊谿家塾

無逸

舉人臣陳昶敬書

尚書卷九考證

洛誥孺子其朋其往○案後漢書引此文其往上多慎字

傳少子慎其朋黨少子慎其朋黨○案　殿本及諸本下句少一其字係脫簡無疑

命公後傳公當留佐我○佐　殿本閣本並作佑

考朕昭子刑傳所以居土中○居土中　殿本作君土中閣本又作居王中皆傳寫之訛

多士大淫佚有辭傳大爲過逸之行○大爲之大汲古閣本訛作天

無逸○案大傳作毋逸王應麟曰毋者禁止之辭于義尤切

尚書卷第十

君奭第十八

周書　　孔氏傳

召公爲保，周公爲師，相成王爲左右。召公不説，周公作君奭。君奭尊之曰君。奭，名。同姓也。陳古以告之，故以名篇。○相，息亮反。説，音悦。奭，始亦反。

周公若曰：君奭順古道呼其名而告之

弗弔天降喪于殷，殷既墜厥命，我有周既受言殷道不至，故天下喪亡於殷。殷已墜失其王命，我有周道至，已受之。○弔，音的。我不敢知曰。厥基永孚于休。若天棐忱。廢興之跡。亦君所知。言殷家其始長信於美道。順天輔誠。所以國也。○棐音匪我亦不敢知曰。其終出于不祥。言殷紂其終墜厥命。以出於不善之故。亦君所知

嗚呼。君已曰。時我。我亦不敢寧于上帝命。歎而言曰。君已。當是我之留。我亦不敢安于上天之命。故不敢不留。○已音以弗永遠念天威。越我民罔尤違。言君不長遠念天之威。而勤化於我民。使無過違之闕惟人在我後嗣子孫。大弗克恭上下。遏佚前人光。在家不知。惟衆人共存在我後嗣子孫。若大不能恭

承天地絕失先王光大之道。我老在家則不得知。遏於葛反。絕也。佚音逸天命不易天難諶乃其墜命弗克經歷天命不易。天難信。無德者乃其墜失王命不能經久歷遠。不可不慎。易以豉反。諶氏壬反嗣前人恭明德在今予小子旦繼先王之大業。恭奉其明德。正在今我小子旦。言異於餘臣非克有正迪惟前人光施于我沖子我留。非能有改正。但欲蹈行先王光大之道。施政於我童子。童子成王又曰。天不可信我道惟寧王德延無德去之。是天不可信。故我以道惟安寧王之德。謀欲延久。我道馬本作我迪。去如字。又起呂反天不庸釋于文王受命言天不用令釋廢於文王所受命。故我留佐成王公曰。
君奭。我聞在昔成湯既受命已放桀受命爲天子時則
有若伊尹。格于皇天尹。摯。佐湯。功至大天。謂致太平。○摯音至在
太甲。時則有若保衡太甲繼湯。時則有如此伊尹爲保衡。言天下所
取安。所取平在太戊太甲之孫時則有若伊陟臣扈格
于上帝。巫咸。乂王家伊陟臣扈。率伊尹之職。使其君不隕祖業。故至
天之功不隕。巫咸治王家。言不及二臣。○隕于敏反在祖乙。時則有若
巫賢祖乙。殷家亦祖其功。時賢臣有如此巫賢。賢。咸子。巫。氏在武丁。時

則有若甘盤高宗即位。甘盤佐之。後有傅說。○說音悅率惟茲有陳。保乂有殷。故殷禮陟配天。多歷年所言伊尹至甘盤六臣。佐其君循惟此道。有陳列之功。以安治有殷。故殷禮能升配天。享國久長。多歷年所。○治直吏反。下同天惟純佑命。則商實百姓殷禮配天。天惟大佑助其王命。使商家百姓豐實。皆知禮節王人罔不秉德明恤。小臣屏侯甸自湯至武丁。其王人無不持德立業。明憂其小臣。使得其人。以爲蕃屏侯甸之服。小臣且憂得人。則大臣可知。○屏賓領反矧咸奔走。惟茲惟德稱。用乂厥辟王猶秉德憂臣。況臣下得不皆奔走。惟王此事。惟有德者舉。用治其君事。○辟必亦反故一人有事于四方。一人。天子也。君臣務德。故有事於四方而天下化服。若卜筮罔不是孚。如卜筮。無不是而信之。公曰。君奭。天壽平格。保乂有殷。有殷嗣天滅威。言天壽有平至之君。故安治有殷。有殷嗣子紂。不能平至。天滅亡加之以威。今汝永念。則有固命。厥亂明我新造邦。今汝長念平至者安治。反是者滅亡。以爲法戒。則有堅固王命。其治理足以明我新成國矣。公曰。君奭。在昔上帝割申勸寧王之德。其集大命于厥躬。在昔上天。割制其義。重勸文王之德。故能成其大命於其身。謂勸德以受命。○重直用反惟文王尚克修和我有夏。亦惟有若虢叔。有若閎夭文王庶幾能修政化。以和我所有諸夏。亦惟賢臣之助爲治。有如此虢閎。閎氏。虢。國。叔。字。文王弟。夭。名。○虢寡白反閎音宏夭於表反徐於驕反。有若散宜生。有若泰顛。有若南宮括散。泰。南宮。皆氏。宜生。顛。括。皆名。凡五臣佐文王。爲胥附。奔走。先後。禦侮。之任。○散素但反顛丁田反括工活反又曰無能往來。茲迪彝教文王蔑德降于國人有五賢臣。猶曰其少。無所能往來。而五人以此道法。敎文王以精微之德。下政令於國人。言雖聖人亦須良佐。○蔑亡結反亦惟純佑。秉德迪知天威。乃惟時昭文王文王亦如殷家惟天所大佑。文王亦秉德蹈知天威。乃惟是五人明文王之德迪見冒聞于上帝。惟時受有殷命哉言能明文王德。蹈行顯見。覆冒下民。彰聞上天。惟是故受有殷之王命。○(見)賢遍反(冒)莫報反(聞)音問。或如字武王惟茲四人。尚迪有祿文王沒。武王立。惟此四人。庶幾輔相武王。蹈有天祿。虢叔先死。故曰四人。○(相)息亮反後暨武王。誕將天威。咸劉厥敵言此四人。後與武王皆殺其敵。謂誅紂惟茲四人。昭武王惟冒丕單稱德惟此四人。明武王之德。使布冒天下。大盡舉行其德。今在予小子旦若游大川。予往暨汝奭其濟。小子同未在位。誕無我責。我新還政。今任重在我小子旦。不能同於四人。若游大川。我往與汝奭其共濟渡成王。同於未在位即政時。汝大無非責我留。收罔勖不及。耇造德不降。我則鳴鳥不聞。矧曰其有能格。今與汝留輔成王。欲收教無自勉不及道義者。立此化而老成德不降意爲之。我周則鳴鳳不得聞。況曰其有能格于皇天乎。○造才老反。一七到反。公曰。嗚呼。君肆其監于兹。我受命無疆惟休。亦大惟艱。以朝臣無能立功至天。故其當視於此。我周受命無窮惟美。亦大惟艱難。不可輕忽。

謂之昜治。○朝直遙反。昜以豉反。告君乃猷裕。我不以後人迷。告君汝謀寬饒之道。我留與汝輔王。不用後人迷惑。故欲教之。公曰。前人敷乃心。乃悉命汝。作汝民極。前人文武。布其乃心爲法度。乃悉以命汝矣。爲汝民立中正矣。○爲汝。于僞反。曰。汝明勗偶王。在亶乘茲大命。汝以前人法度。明勉配王。在於誠信行此大命而已。○亶丁但反。惟文王德。丕承無疆之恤。惟文王聖德。爲之子孫。無忝厥祖。大承無窮之憂。公曰。君。告汝朕允。告汝以我之誠信。保奭。其汝克敬以予監于殷喪大否。呼其官而名之。勑使能敬以我言。視於殷喪亡大否。言其大不可不戒。○喪息浪反否方九反肆念我天威。予不允惟若茲誥。予惟曰襄我二人。以殷喪大故。當念我天德可畏。言命無常。我不信惟若此誥。我惟曰。當因我文武之道而行之汝有合哉言曰。在時二人。天休滋至。惟時二人弗戡。言汝行事。動當有所合哉。發言常在是文武。則天美周家日益至矣。惟是文武不勝受。言多福。○戡音堪其汝克敬德。明我俊民在讓。後人于丕時。其汝能敬行德。明我賢人在禮讓。則後代將於此道大且是嗚呼。篤棐時二人。我式克至于今日休。言我厚輔是文武之道而行之。我用能至于今日其政美我咸成文王功于不怠。丕冒海隅出日罔不率俾今我周家。皆成文王功于不懈怠。則德教大覆冒海隅日所出之地。無不循化而使之。○俾必耳反公曰。君予不惠若茲多誥。予惟用閔于天越民我不順若此多誥而已。欲使汝念躬行之。閔。勉也。我惟用勉於天道。加於民公曰。嗚呼。君惟乃知民德。亦罔不能厥初。惟其終。惟汝所知民德。亦無不能其初。鮮能有終。惟其終。則惟君子。戒召公以慎終。○鮮息淺反祗若茲。往敬用治。當敬順我此言。自今以往。敬用治民職事

君奭

蔡仲之命第十九

周書　孔氏傳

蔡叔既没（以罪放而卒）王命蔡仲踐諸侯位（成王也。父卒命子。罪不相及）作蔡仲之命（冊書命之）蔡仲之命（蔡。國名。仲。字。因以名篇）

惟周公位冢宰。正百工（百官總己以聽冢宰。謂武王崩時）羣叔流言。乃致辟管叔于商。囚蔡叔于郭鄰以車七乘（致法。謂誅殺。囚。謂制其出入。郭鄰。中國之外地名。從車七乘。言少。管。蔡。國名。○辟婢亦反。乘繩證反。從才用反）降霍叔于庶人。三

年不齒罪輕。故退爲衆人。三年之後乃齒錄。封爲霍侯。子孫爲晉所滅蔡仲
克庸祗德。周公以爲卿士蔡仲能用敬德。稱其賢也。明王之法。
誅父用子。言至公。周公。圻內諸侯。二卿治事。○圻巨依反叔卒。乃命諸王
邦之蔡叔之所封。圻內之蔡。仲之所封。淮汝之間。圻內之蔡名已滅。故取其名以
名新國。欲其戒之王若曰。小子胡言小子。明當受教訓。胡。仲名。順其事
而告之惟爾率德改行。克慎厥猷言汝循祖之德。改父之行。
能慎其道。歎其賢。○行下孟反肆予命爾侯于東土。往即乃
封。敬哉以汝率德改行之故。故我命汝爲諸侯於東土。往就汝所封之國。當修己

以敬哉。(封)如字。徐甫用反

爾尚蓋前人之愆。惟忠惟孝汝當庶幾修德。揜蓋前人之過。子能蓋父。所以爲惟忠惟孝爾乃邁迹自身。克勤無怠。以垂憲乃後汝乃行善迹用汝身。使可蹤迹而法循之。能勤無懈怠。以垂法子孫。世世稱頌。乃當我意率乃祖文王之彝訓。無若爾考之違王命言當循文武之常教。以父違命爲世戒

皇天無親。惟德是輔。民心無常。惟惠之懷天之於人。無有親疏。惟有德者則輔佐之。民心於上。無有常主。惟愛己者則歸之爲善不同。同歸于治。爲惡不同。同歸于亂言又爲善爲惡。

各有百端。未必正同。而治亂所歸不殊。宜愼其微。○治直吏反爾其戒哉。愼厥初惟厥終。終以不困。不惟厥終。終以困窮汝其戒治亂之機哉。作事云爲。必愼其初。念其終。則終用不困窮懋乃攸績。睦乃四鄰。以蕃王室。以和兄弟勉汝所立之功。親汝四鄰之國。以蕃屏王室。以和協同姓之邦。諸侯之道。○懋音茂蕃方元反康濟小民。率自中。無作聰明亂舊章汝爲政當安小民之居。成小民之業。循用大中之道。無敢爲小聰明。作異辯。以變亂舊典文章詳乃視聽。罔以側言改厥度。則予一人汝嘉詳審汝視聽。非禮義勿視聽。無

以邪巧之言易其常度。必斷之以義。則我一人善汝矣。度如字斷丁亂反

王曰。嗚呼。小子胡。汝往哉。無荒弃朕命。歎而勑之。欲其念戒。小子胡。汝往之國哉。無廢弃我命。欲其終身奉行。後世遵則

成王東伐淮夷。遂踐奄成王即政。淮夷奄國又叛。王親征之。遂滅奄而徙之。以其數反覆。踐似淺反數色角反作成王政爲平淮夷徙奄之政令。亡

成王既踐奄。將遷其君於蒲姑已滅奄而徙其君及人臣之惡者於蒲姑。蒲姑。齊地。近中國。教化之。蒲如字。又扶各反

周公告召公。作將蒲姑言將徙奄新立之君於蒲姑。告召公使此冊書告令之。亡

多方第二十

周書　孔氏傳

成王歸自奄。伐奄歸。在宗周。誥庶邦。誥以禍福。作多方。多方衆方天下諸侯

惟五月丁亥。王來自奄。至于宗周。周公歸政之明年。淮夷奄又叛。魯征淮夷。作費誓。王親征奄。滅其國。五月還至鎬京。費音祕。周公曰。王若曰。猷告爾四國多方。周公以王命順大道告四方。稱周公。以別王自告。別彼列反惟爾殷侯尹民。我惟大降爾命。爾罔不知。殷之諸侯正民者。我大下汝命。謂誅

紂也。言天下無不知紂暴虐以取亡洪惟圖天之命。弗永寅念于祀。惟帝降格于夏大惟爲王謀天之命。不長敬念于祭祀。謂夏桀。惟天下至戒於夏以譴告之。謂災異。○譴弃戰反有夏誕厥逸。不肯感言于民有夏桀不畏天戒。而大其逸豫。不肯憂言於民。無憂民之言乃大淫昏。不克終日勸于帝之迪言桀乃大爲過昏之行。不能終日勸於天之道。○迪徒歷反乃爾攸聞言桀之惡。乃汝所聞厥圖帝之命。不克開于民之麗桀其謀天之命。不能開於民所施政教。麗。施也。言昏昧。○麗力馳反乃大降罰。崇亂有夏。因甲于內亂桀乃大下罰於民。重亂有夏。言殘虐。外不憂民。內不勤德。因甲於二亂之內。言昏甚。○重直用反。又直龍反不克靈承于旅。罔丕惟進之恭。洪舒于民言桀不能善奉於人衆。無大惟進恭德。而大舒惰於治民亦惟有夏之民叨懫日欽。劓割夏邑桀洪舒於民。故亦惟有夏之民貪叨忿懫而逆命。於是桀日尊敬其能劓割夏邑者。謂殘賊臣。○懫勑二反。劓魚器反天惟時求民主。乃大降顯休命于成湯天惟是桀惡故。更求民主以代之。大下明美之命於成湯。使王天下刑殄有夏。惟天不畀純命湯刑絕有夏。惟天不與桀亦已大。○畀必二反乃惟以爾多方之義民。不克永于多享天所以不與桀。以其乃惟用汝多方之義民爲臣。而不能長久多享國故惟夏之恭多士。大不克明保享于民惟桀之所謂恭人衆士。大不能明安享于民。言亂主所任。任同己者乃胥惟虐于民。至于百爲。大不克開桀之衆士。乃相與惟暴虐於民。至於百端所爲。言虐非一。大不能開民以善。言與桀合志一

乃惟成湯克以爾多方。簡代夏作民主乃惟成湯。能用汝衆方之賢。大代夏政。爲天下民主愼厥麗乃勸厥民刑用勸湯愼其施政於民。民乃勸善。其人雖刑。亦用勸善。言政刑清以至于帝

乙。罔不明德慎罰。亦克用勸言自湯至于帝乙。皆能成其王道。畏慎輔相。無不明有德。慎去刑罰。亦能用勸善。○相息亮反要囚。殄戮多罪。亦克用勸。開釋無辜。亦克用勸帝乙已上。要察囚情。絕戮衆罪。亦能用勸善。開放無罪之人。必無枉縱。亦能用勸善。○要一遥反。又一妙反。殄他典反今至于爾辟。弗克以爾多方享天之命今至于汝君。謂紂。不能用汝衆方享天之命。故誅滅之。○辟必亦反嗚呼。王若曰。誥告爾多方。非天庸釋有夏歎而順其事。以告汝衆方。非天用釋弃桀。桀縱惡自弃。故誅放非天庸釋有殷。乃惟爾辟。

以爾多方。大淫圖天之命。屑有辭非天用弃有殷。乃惟汝君紂。用汝衆方大爲過惡者。共謀天之命。惡事盡有辭說。布在天下。故見誅滅乃惟有夏圖厥政。不集于享。天降時喪。有邦間之更說桀也。言桀謀其政。不成于享。故天下是喪亡以禍之。使天下有國聖人代之。言有國。明皇天無親。佑有德。○間，間廁之間乃惟爾商後王逸厥逸後王。紂。逸豫其過逸言縱恣無度圖厥政。不蠲烝。天惟降時喪紂謀其政。不潔進于善。故天惟下是喪亡。謂誅滅。○蠲吉懸反。烝之承反惟聖罔念作狂。惟狂克念作聖惟聖人無念於善。則爲狂人。惟狂人

能念於善則爲聖人。言桀紂非實狂愚。以不念善。故滅亡。天惟五年須暇
之子孫。誕作民主。罔可念聽。天以湯故。五年須暇湯之子孫。
冀其改悔。而紂大爲民主。肆行無道。事無可念。言無可聽。武王服喪三年。還師二年。天
惟求爾多方。大動以威。開厥顧天。天惟求汝衆方之賢
者。大動紂以威。開其能顧天可以代者。惟爾多方罔堪顧之。惟
我周王。靈承于旅。惟汝衆方之中。無堪顧天之道者。惟我周王。善奉於
衆。言以仁政得人心。克堪用德。惟典神天。言周文武能堪用德。惟可
以主神天之祀。任天王。○任音壬。天惟式教我用休。簡畀殷

命。尹爾多方天以我用德之故。惟用教我用美道代殷。大與我殷之王命。以正汝衆方之諸侯。○（畀）并至反今我曷敢多誥。我惟大降爾四國民命今我何敢多誥汝而已。我惟大下汝四國民命。謂誅管蔡商奄之君爾曷不忱裕之于爾多方汝何不以誠信行寬裕之道於汝衆方。欲其戒四國崇和協爾曷不夾介乂我周王享天之命夾。近也。汝何不近大見治於我周王。以享天之命。而爲不安乎。○（夾）音協今爾尚宅爾宅。畋爾田。爾曷不惠王熙天之命今汝殷之諸侯。皆尚得居汝常居。臣民皆尚得畋汝故田。汝何不順從王政。廣天之命。而自懷疑乎爾乃迪屢不靜。爾心未愛汝所蹈行數爲不安。汝心未愛我周故。〇數色角反爾乃不大宅天命。爾乃屑播天命汝乃不大居安天命。是汝乃盡播弃天命爾乃自作不典圖忱于正汝未愛我周。播弃天命。是汝乃自爲不常。謀信于正道我惟時其教告之我惟時其戰要囚之我惟汝如是不謀信于正道故。其教告之。謂訊以文誥。其戰要囚之。謂討其倡亂。執其朋黨。〇要一遙反至于再至于三再。謂三監淮夷叛時。三。謂成王即政又叛。言迪屢不靜之事乃有不用我降爾命。我乃其大罰殛之我教告戰要囚汝。已至再三。汝其有不用我命。我乃大下誅汝君。乃其大罰誅之。○殛紀力反非我有周秉德不康寧。乃惟爾自速辜非我有周執德不安寧自誅汝。乃惟汝自召罪以取誅王曰。嗚呼。猷告爾有方多士。暨殷多士王歎而以道告汝衆方。與殷多士今爾奔走臣我監五祀監謂成周之監。此指謂所遷頑民。殷衆士。今汝奔走來徙臣我。我監五年無過。則得還本土越惟有胥伯小大多正。爾罔不克臬於惟有相長事小大衆正官之人。汝無不能用法。欲其皆用法。○臬魚列反長丁丈反自作不和。爾惟和哉。爾室不睦。爾惟和哉。爾邑克明。爾惟克勤乃事小大多正。自爲不和。汝有方多士當和之哉。汝親近室家不睦。汝亦當和之哉。汝邑中能明。是汝惟能勤汝職事爾尚不忌于凶德。亦則以穆穆在乃位汝庶幾不自忌入于凶德。亦則用敬敬常在汝位克閱于乃邑謀介。爾乃自時洛邑。尚永力畋爾田汝能使我閱具于汝邑。而以汝所謀爲大。則汝乃用是洛邑。庶幾長力畋汝田矣。言雖遷徙。而以修善得反邑里。○閱音悅天惟畀矜爾。我有周惟其大介賚爾汝能修善。天惟與汝憐汝。我有周惟其大大賜汝。言受多福之祚。迪簡在王庭。尚爾事。有服在大僚非但受憐賜。又乃蹈大道在王庭。庶幾修汝事。有所服行在大官王曰。嗚呼。多士。爾不克勸忱我命。爾亦則惟不克享。凡民惟曰不享王歎而言曰。衆士。汝不能勸信我命。汝亦則惟不能享天祚矣。凡民亦惟曰不享於汝祚矣爾乃惟逸惟頗。大遠王命。則惟爾多方探天之威。我則致天之罰。離逖爾土若爾乃爲逸豫頗僻。大弃王命。則惟汝衆方取天之威。我則致行天罰。離遠汝土。將遠徙之。○頗破多反探吐南反王曰。我不惟多誥。我惟祇告爾命我不惟多誥汝而已。我惟敬告汝吉凶之命又曰。時

惟爾初不克敬于和。則無我怨又誥汝是惟汝初。不能敬于和道。故誅汝。汝無我怨。解所以再三加誅之意

立政第二十一

周書　孔氏傳

周公作立政周公既致政成王。恐其怠忽。故以君臣立政爲戒立政言用臣當共立政。故以名篇

周公若曰。拜手稽首。告嗣天子王矣順古道。盡禮致敬告成王。言嗣天子今以爲王矣。不可不慎。○盡津忍反。下同

用咸戒于王曰。王左右常伯。常任。準人。綴

衣虎賁周公用王所立政之事。皆戒於王曰。常所長事。常所委任。謂三公六卿。準人。平法。謂士官。綴衣。掌衣服。虎賁。以武力事王。皆左右近臣。宜得其人。○任而鴆反準之允反綴丁衞反。又丁劣反賁音奔長丁丈反周公曰。嗚呼。休茲知恤鮮哉歎此五者立政之本。知憂得其人者少。○鮮息淺反古之人迪惟有夏乃有室大競籲俊尊上帝古之人道惟有夏禹之時。乃有卿大夫室家大強。猶乃招呼賢俊。與共尊事上天。○籲音喻迪知忱恂于九德之行禹之臣蹈知誠信於九德之行。謂賢智大臣。九德。皋陶所謀。○忱市林反恂音荀行如字。徐下孟反乃敢告教厥后曰。拜手稽首后矣。曰宅乃事。宅乃牧。宅乃準。茲惟后矣。知九德之臣。乃敢告教其君以立政。君矣。亦猶王矣。宅。居也。居汝事。六卿掌事者。牧。牧民。九州之伯。居內外之官。及平法者。皆得其人。則此惟君矣。謀面用丕訓德。則乃宅人。茲乃三宅無義民。謀所面見之事無疑。則能用大順德。乃能居賢人于衆官。若此則乃能三居無義民。大罪。宥之四裔。次九州之外。次中國之外。桀德惟乃弗作往任。是惟暴德罔後。桀之爲德。惟乃不爲其先王之法。往所委任。是惟暴德之人。故絕世無後。亦越成湯陟。丕釐上帝之耿命。桀之昏亂。亦於成湯之道得升。大賜上天之光命王天下。○釐力之反。耿工迴反。**乃用三有宅，克即宅，曰三有俊，克即俊。**湯乃用三有居惡人之法，能使就其居，言服罪。又曰能用剛柔正直三德之俊，能就其俊事，言明德。**嚴惟丕式，克用三宅三俊，**言湯所以能嚴威，惟可大法象者，以能用三居三德之法。**其在商邑，用協于厥邑；其在四方，用丕式見德。**湯在商邑，用三宅三俊之道和其邑；其在四方，用是大法見其聖德，言遠近化。○見賢遍反。**嗚呼！其在受德暋，惟羞刑暴德之人，同于厥邦；**受德，紂字。帝乙愛焉，為作善字，而反大惡自強，惟進用刑與暴德之人，同于其國，並為威虐。○暋眉謹反。

乾隆四十八年

強其丈反乃惟庶習逸德之人。同于厥政。乃惟衆習爲過德之人。同于其政。言不任賢帝欽罰之。乃伻我有夏。式商受命。奄甸萬姓。天以紂惡。故敬罰之。乃使我周家王有華夏。得用商所受天命。同治萬姓。言皇天無親。佑有德。伻普耕反亦越文王武王。克知三有宅心。灼見三有俊心。紂之不善。亦於文武之道大行。以能知三有居惡人之心。灼然見三有賢俊之心。以敬事上帝。立民長伯。言文武知三宅三俊。故能以敬事上天。立民正長。謂郊祀天。建諸侯立政。任人。準夫。牧。作三事。文武亦法禹湯以立政。常任準人及牧。治爲天

立政

地人之三事虎賁綴衣。趣馬小尹趣馬。掌馬之官。言此三者雖小。官長必慎擇其人。〇趣七口反左右攜僕百司庶府雖左右攜持器物之僕。及百官有司主券契藏吏。亦皆擇人。〇券音勸。契苦計反。藏才浪反大都小伯藝人表臣百司小臣猶皆慎擇其人。況大都邑之小長。以道藝爲表幹之人。及百官有司之職。可以非其任乎太史尹伯庶常吉士太史。下大夫。掌邦六典之貳。尹伯。長官大夫。及衆掌常事之善士。皆得其人司徒司馬司空亞旅此有三卿。及次卿。衆大夫。則是文武未伐紂時。舉文武之初以爲法則夷微盧烝三亳阪尹蠻夷微盧之衆帥。及亳人之歸文王者三所。爲之立監。及阪地之尹長。皆用賢。○阪音反文王惟克厥宅心。乃克立茲常事司牧人。以克俊有德文王惟其能居心。遠惡舉善。乃能立此常事司牧人。用能俊有德者。○遠于萬反文王罔攸兼于庶言。庶獄。庶慎。惟有司之牧夫文王無所兼知於毀譽衆言。及衆刑獄。衆當所慎之事。惟慎擇有司牧夫而已。勞於求才。逸於任賢是訓用違。庶獄庶慎。文王罔敢知于茲是萬民順法。用違法。衆獄衆慎之事。文王一無敢自知於此。委任賢能而已亦越武王。率惟敉功。不敢替厥義德亦於武王循惟文王撫安天下之功。

不敢廢其義德。奉遵父道。○敉亡婢反率惟謀從容德。以竝受此丕丕基武王循惟謀從文王寬容之德。故君臣以竝受此大大之基業。傳之子孫嗚呼孺子王矣歎稚子今以爲王矣。不可不勤法祖考之德繼自今我其立政。立事。準人。牧夫。我其克灼知厥若。丕乃俾亂繼用今已往。我其立政大臣。立事小臣。及準人牧夫。我其能灼然知其順者。則大乃使治之。言知臣下之勤勞。然後莫不盡心力。○俾必爾反相我受民。和我庶獄庶慎。時則勿有間之能治我所受天民。和平我衆獄衆慎之事。如是則勿有以代之。言不可復變。○相如字。馬息亮反。下勱相同（閒）閒廁之閒（復）扶又反自一話一言。我則末惟成德之彥。以乂我受民（言政當用一善。善在一言而已。欲其口無擇言。如此我則終惟有成德之美。以治我所受之民。話戶怪反）嗚呼。予旦已受人之徽言。咸告孺子王矣（歎所受賢聖說禹湯之美言。皆以告稚子王矣）繼自今文子文孫。其勿誤于庶獄庶慎。惟正是乂之（文子文孫。文王之子孫。從今以往。惟以正是之道治衆獄衆慎。其勿誤）自古商人。亦越我周文王立政。立事牧夫。準人。則克宅之。克由繹之。茲乃俾乂（言用古商

湯。亦於我周文王立政立事。用賢人之法。能居之於心。能用陳之。此乃使天下治。○繹音亦

國則罔有立政用憸人。不訓于德。是罔顯在厥世商周賢聖之國。則無有立政用憸利之人者。憸人不順於德。是使其君無顯名在其世○憸息廉反繼自今立政。其勿以憸人。其惟吉士。用勱相我國家立政之臣。惟以吉士。用勉治我國家。○勱音邁

今文子文孫。孺子王矣告文王之子孫。言稚子以即政爲王矣。所以厚戒其勿誤于庶獄。惟有司之牧夫獨言衆獄有司。欲其重刑。愼官人其克詰爾戎兵。以陟禹之迹其當能治

汝戎服兵器。威懷竝設。以升方行天下。至于禹治水之舊迹。○詰起一反海表罔有不服方。四方。海表。蠻夷戎狄。無有不服化者以覲文王之耿光。以揚武王之大烈能使四夷賓服。所以見祖之光明。揚父之大業嗚呼。繼自今後王立政。其惟克用常人其惟能用賢才爲常人。不可以天官有所私周公若曰。太史。順其事。并告太史司寇蘇公式敬爾由獄。以長我王國忿生爲武王司寇。封蘇國。能用法敬汝所用之獄。以長施行於我王國。言主獄當求蘇公之比茲式有愼。以列用中罰此法有所愼行。必以其列用中罰。不

輕不重蘇公所行。太史掌六典。有廢置官人之制。故告之

尚書卷第十

武英殿仿宋本 書十 二一

立政

相臺岳氏刻梓荊谿家塾

舉人臣虞衡寶敬書

尚書卷十考證

君奭君已曰傳歎而言曰君已○殿本閣本已並作也訛

越我民罔尤違○越殿本作曰

傳勤化于我民○勤殿本閣本並作動

在昔上帝割申勸寧王之德○案緇衣引此作在昔上帝周由觀文王之德李光地謂數字皆以相似而誤

有若散宜生有若泰顛有若南宮括傳散泰南宮皆氏○案漢書古今人表女皇堯妃散宜氏據此則孔傳不當但以散爲氏也

周公告召公作將蒲姑傳告召公使此冊書告令之。

使此冊書當依　殿本改使作冊書

要囚傳要察囚情。案要察孔疏謂受其要辭察其虛實也諸本作安察訛

令爾奔走臣我監五祀傳監謂成周之監。諸本皆作成周之三監案此非武庚時事不當云三監且孔氏亦並未疏三字蓋舊本悞衍一之字後遂改作三字也

立政繼自今我其立政傳然後莫不盡心力。盡心力　殿本作盡其力

尚書卷第十一

周官第二十二

周書 孔氏傳

成王既黜殷命。滅淮夷。黜殷在周公東征時。滅淮夷在成王即政事相因。連言之還歸在豐。作周官。成王雖作洛邑。猶還西周。（還）音旋。又音全周官言周家設官分職用人之法惟周王撫萬邦。巡侯甸即政撫萬國。巡行天下侯服甸服。（行）下孟反四征弗庭。綏厥兆民四面征討諸侯之不直者。所以安其兆民。十億曰兆。言多六服羣辟。罔不承德。歸于宗周。董正治官。六服諸侯。奉承周德。言協服。還歸於豐。督正治理職司之百官。○辟必亦反王曰。若昔大猷。制治于未亂。保邦于未危。言當順古大道。制治安國。必于未亂未危之前。思患豫防之曰唐虞稽古。建官惟百。內有百揆四岳。外有州牧侯伯。道堯舜考古以建百官。內置百揆四岳象天之有五行。外置州牧十二。及五國之長。上下相維。外內咸治。言有法庶政惟和。萬國咸寧。官職有序。故衆政惟和。萬國皆安。所以爲至治夏商官倍。亦克用乂。禹湯建官二百。亦能用治。言不及唐虞之清要明王立政不惟其官惟其人言聖帝明王立政修教。不惟多其官。惟在得其人。今予小子祗勤于德。夙夜不逮今我小子敬勤於德。雖夙夜匪懈。不能及古人。言自有極。○逮音代。又大計反仰惟前代時若。訓迪厥官言仰惟先代之法是順。順蹈其所建官而則之。不敢自同堯舜之官。準擬夏殷而蹈之立太師太傅太保。茲惟三公。論道經邦。燮理陰陽師。天子所師法。傅。傅相天子。保。保安天子於德義者。此惟三公之任。佐王論道。以經緯國事。和理陰陽。言有德乃堪之。○燮素協反官不必備。惟其人三公之官。不必備員。惟其人有德乃處之少師少傅少保。曰三孤。此三官名曰三孤。孤，特也。言卑於公，尊於卿，特置此三者。少，詩照反。貳公弘化。寅亮天地。弼予一人。副貳三公。弘大道化。敬信天地之教。以輔我一人之治。冢宰掌邦治。統百官。均四海。天官卿稱太宰。主國政治。統理百官。均平四海之內邦國。言任大。司徒掌邦教。敷五典。擾兆民。地官卿司徒。主國教化。布五常之教。以安和天下衆民。使小大協睦。擾，而小反。宗伯掌邦禮。治神人。和上下。春官卿。宗廟官長。主國禮。治天地神祇人鬼之事。及國之吉凶賓軍嘉五禮。以和上下尊卑等列。司馬掌邦政。統六師。平邦國。夏官卿。主戎馬之事。掌國征伐。統正六軍。平治王邦四方國之亂者。司寇掌邦禁。詰姦慝。刑暴亂。秋官卿主寇賊法禁。治姦慝。刑强暴作亂者。夏司馬討惡助長物。秋司寇刑姦順時殺。慝，吐得反。司空掌邦土。居四民。時地利。冬官卿。主國空土。以居民士農工商四人。使順天時。分地利。授之土。能吐生百穀。故曰土。六卿分職。各率其屬。以倡九牧。阜成兆民。六卿各率其屬官大夫士。治其所分之職。以倡道九州牧伯爲政。大成兆民之性命。皆能其官則政治。倡，尺亮反。阜，音負。六年五服一朝。五服。侯。甸。男。采衛。六年一朝會京師。朝，直遥反。又六年王乃時巡考制度于四岳周制十二年一巡守。春東夏南。秋西。冬北。故曰時巡。考正制度禮法于四岳之下。如虞帝巡守然。諸侯各朝于方岳大明黜陟覲四方諸侯各朝于方岳之下。大明考績黜陟之法王曰嗚呼凡我有官君子。欽乃攸司。愼乃出令。令出惟行。弗惟反有官君子。大夫已上。歎而戒之。使敬汝所司。愼汝出令。從政之本。令出必惟行之。不惟反改。若二三其令。亂之道。以公滅私。民其允懷。從政以公平滅私情。則民其信歸之。學古入官。議事以制。政乃不迷。言當先學古訓。然後入官治政。凡制事。必以古義議度終始。政乃不迷錯其爾典常作之師。

無以利口亂厥官其汝爲政。當以舊典常故事爲師法。無以利口辯佞亂其官蓄疑敗謀。怠忽荒政。不學牆面。莅事惟煩積疑不決。必敗其謀。怠惰忽略。必亂其政。人而不學。其猶正牆面而立。臨政事必煩。○蓄勑六反。莅音利戒爾卿士。功崇惟志。業廣惟勤。惟克果斷。乃罔後艱此戒凡有官位。但言卿士。舉其掌事者功高由志。業廣由勤。惟能果斷行事。乃無後難。言多疑必致患。○斷丁亂反位不期驕。祿不期侈貴不與驕期而驕自至。富不與侈期而侈自來。驕侈以行已。所以速亡恭儉惟德。無載爾僞言當恭儉惟以立德。無行姦僞作德。心逸。曰休。作僞。心勞。曰拙。爲德。直道而行，於心逸豫而名曰美。爲僞。飾巧百端，於心勞苦而事日拙，不可爲。居寵思危。罔不惟畏。弗畏入畏。言雖居貴寵，當思危懼，無所不畏。若乃不畏，則入可畏之刑。推賢讓能。庶官乃和。不和政厖。賢能相讓，俊乂在官，所以和諧。厖亂也。○厖，武江反。舉能其官。惟爾之能。稱匪其人。惟爾不任。所舉能修其官，惟亦汝之功能。所舉非其人，亦惟汝之不勝其任。王曰：嗚呼。三事暨大夫。敬爾有官。亂爾有政。歎而勑之。公卿已下，各敬居汝所有之官，治汝所有之職。以佑乃辟。永康兆民。萬邦惟無斁言當敬治官政。以助汝君。長安天下兆民。則天下萬國惟乃無厭我周德。○斁音亦成王既伐東夷肅慎來賀海東諸夷。駒麗。扶餘馯。貊。之屬。武王克商。皆通道焉。成王即政而叛。王伐而服之。故肅慎氏來賀。○駒俱付反又如字麗力支反馯戶旦反王俾榮伯作賄肅慎之命榮。國名。同姓諸侯爲卿大夫。王使之爲命書。周公以幣賄賜肅慎之夷。亡。○俾必爾反

在豐致政老歸將沒。欲葬成周已所營作。示終始念之公薨。

成王葬于畢不敢臣周公故使近文武之墓告周公。作亳姑周公徙奄君於亳姑。因告柩以葬畢之義。并及奄君已定亳姑。言所遷之功成。亡

君陳第二十三

周書　孔氏傳

周公既没。命君陳分正東郊成周。成王重周公所營故。命君陳分居。正東郊成周之邑里官司。君陳。鄭注禮記云。周公之子作君陳

作書命之君陳臣名也。因以名篇王若曰。君陳。惟爾令德孝恭言其有令德。善事父母。行已以恭惟孝。友于兄弟。克施有政言善父母者。必友于兄弟。能施有政令命汝尹茲東郊。敬哉正此東郊。監殷頑民。教訓之昔周公師保萬民。民懷其

德。往慎乃司。茲率厥常言周公師安天下之民。民歸其德。今往承其業。當慎汝所主。此循其常法而教訓之。懋昭周公之訓。惟民其乂勉明周公之教。惟民其治。○（懋）音茂我聞曰。至治馨香感于神明。黍稷非馨。明德惟馨所聞上古聖賢之言。政治之至者。芬芳馨氣。動於神明。所謂芬芳。非黍稷之氣。乃明德之馨。勵之以德爾尚式時周公之猷訓。惟日孜孜。無敢逸豫汝庶幾用是周公之道教殷民。惟當日孜孜勤行之。無敢自寬暇逸豫。○（孜）音茲凡人未見聖。若不克見。既見聖。亦不克由聖此言凡人有初無終。未見聖道。如不能得見。已見聖道。亦不能用之。所以無成爾其戒哉。爾惟風。下民惟草汝戒勿爲凡人之行。民從上教而變。猶草應風而偃。不可不慎圖厥政。莫或不艱。有廢有興。出入自爾師虞。庶言同則繹謀其政。無有不先慮其難。有所廢有所起。出納之事。當用汝衆言度之。衆言同則陳而布之。禁其專。○繹音亦爾有嘉謀嘉猷。則入告爾后于內。爾乃順之于外汝有善謀善道。則入告汝君於內。汝乃順行之於外曰。斯謀斯猷。惟我后之德此善謀此善道。惟我君之德。善則稱君。人臣之義嗚呼。臣人咸若時。惟良顯哉

君陳

歎而美之曰。臣於人者。皆順此道。是惟良臣。則君顯明於世王曰君陳爾惟弘周公丕訓。無依勢作威。無倚法以削汝爲政。當闡大周公之大訓。無乘勢位作威人上。無倚法制以行刻削之政寬而有制。從容以和寬不失制。動不失和。德教之治。從七容反殷民在辟。予曰辟。爾惟勿辟。予曰宥。爾惟勿宥。惟厥中殷人有罪在刑法者。我曰刑之。汝勿刑。我曰赦宥。汝勿宥。惟其當以中正平理斷之。辟扶亦反有弗若于汝政。弗化于汝訓。辟以止辟乃辟有不順於汝政。不變於汝教。刑之而懲止犯刑者。乃刑之狃于姦宄敗常亂俗。三細不宥。習於姦宄凶惡。毀敗五常之道。以亂風俗之教。罪雖小。三犯不赦。所以絶惡源。㊟狃女九反 爾無忿疾于頑。無求備于一夫。人有頑嚚不喻。汝當訓之。無忿怒疾之。使人當器之。無責備于一夫。必有忍。其乃有濟。有容。德乃大。爲人君長。必有所含忍。其乃有所成。有所包容。德乃爲大。欲其忍恥藏垢。簡厥修。亦簡其或不修。簡別其德行修者。亦別其有不修者。善以勸能。惡以沮否。進厥良。以率其或不良。進顯其賢良者。以率勉其有不良者使爲善。惟民生厚。因物有遷。言人自然之性敦厚。因所見所習之物。有遷變之道。故必慎所以示之。違上所命。從厥攸好。人之於上。不從其令。從其所好。故人主不可不慎所好。○好呼報反。爾克敬典在德。時乃罔不變。允升于大猷。汝治人能敬。常在道德。是乃無不變化其政教。則信升于大道。惟予一人膺受多福。汝能升大道。則惟我一人亦當受其多福。無凶危。其爾之休。終有辭於永世。非但我受多福而已。其汝之美名。亦終見稱誦於長世。言沒而不朽。

顧命第二十四

周書　孔氏傳

顧命

成王將崩。命召公畢公二公爲二伯。中分天下而治之率諸侯相康王。作顧命臨終之命曰顧命。○相息亮反顧工戶反顧命實命羣臣。敘以要言惟四月哉生魄。王不懌成王崩年之四月。始生魄。月十六日。王有疾。故不悅懌。○懌音亦甲子。王乃洮頮水。相被冕服憑玉几王將發大命。臨羣臣。必齊戒沐浴。今疾病。故但洮盥頮面。扶相者被以冠冕。加朝服。憑玉几以出命。○洮他刀反。徐音逃頮音悔盥音管乃同召太保奭芮伯彤伯畢公衛侯毛公同召六卿。下至御治事。太保畢毛稱公。則三公矣。此先後六卿次第。冢宰第一。召公領之。司徒第二。芮伯爲之宗伯第三。彤伯爲之司馬第四。畢公領之。司寇第五。衞侯爲之司空第六。毛公領之。召。芮。彤。畢。衞。毛。皆國名。入爲天子公卿。〔頭〕音釋〔芮〕如銳反〔彤〕徒冬反**師氏虎臣。百尹。御事**師氏。大夫官。虎臣。虎賁氏。百尹。百官之長。及諸御治事者**王曰。嗚呼。疾大漸。惟幾**自歎其疾大進篤。惟危殆。〔幾〕音機。徐音畿**病日臻。既彌留。恐不獲誓言嗣。茲予審訓命汝**病日至。言困甚。已久留。言無瘳。恐不得結信出言。嗣續我志。以此故我詳審教命汝**昔君文王。武王。宣重光。奠麗陳教則肄**言昔先君文武。布其重光累聖之德。定天命。施陳教則勤勞。〔重〕直龍反〔麗〕力馳反〔肄〕以至反**肄**

不違用克達殷集大命文武定命陳教。雖勞而不違道。故能通殷爲周。成其大命在後之侗敬迓天威嗣守文武大訓。無敢昏逾在文武後之侗稚。成王自斥。敬迎天之威命。言奉順。繼守文武大教。無敢昏亂逾越。言戰慄畏懼。○侗徐音同。又勑動反今天降疾殆弗興弗悟爾尚明時朕言今天下疾我身甚危殆。不起不悟。言必死。汝當庶幾明是我言。勿忽略用敬保元子釗弘濟于艱難用奉我言敬安太子釗。釗。康王名。大渡於艱難。勤德政。○釗姜遼反。又音昭柔遠能邇安勸小大庶邦言當和遠。又能和近。安小大衆國。勸使爲善思夫人自亂于威儀。爾無以釗冒貢于非幾羣臣皆宜思夫人。夫人自治正於威儀。有威可畏。有儀可象。然後足以率人。汝無以釗冒進于非危之事。○夫如字。冒亡報反茲既受命還此羣臣已受顧命。各還本位

出綴衣于庭。越翼日乙丑。王崩綴衣。幄帳。羣臣既退。徹出幄帳於庭。王寢於北墉下東首。反初生。於其明日。王崩。○出如字。徐尺遂反。綴丁衛反

太保命仲桓南宮毛冢宰攝政。故命二臣。桓。毛。名俾爰齊侯呂伋以二干戈。虎賁百人。逆子釗于南門之外臣子皆侍左右。將正太子之尊。故出於路寢門外。使桓毛二臣。各執干戈。於齊

侯呂伋索虎賁百人。更新逆門外。所以殊之。伋爲天子虎賁氏。俾必爾反伋居及反

延入翼室恤宅宗明室。路寢。延之使居憂。爲天下宗主。丁卯命作冊度三日。命史爲冊書法度。傳顧命於康王。度舊音杜洛反。恐誤。注云作冊書法度。音宜如字越七日癸酉伯相命士須材邦伯爲相則召公。於丁卯七日癸酉。召公命士致材木。須待以供喪用。相息亮反狄設黼扆綴衣狄。下士。扆。屛風。畫爲斧文。置戶牖間。復設幄帳。象平生所爲。黼音甫扆於豈反牖間南嚮敷重篾席黼純華玉仍几篾桃枝竹。白黑雜繒緣之。華。彩色。華玉以飾憑几。仍。因也。因生時几不改作。此見羣臣覲諸侯

之坐。○嚮許亮反　篾眠結反　純之允反　緣悅絹反

西序東嚮，敷重篾席，黼純，文貝仍几。東西廂謂之序。厎，蒻苹。綴，雜彩。有文之貝飾几。此旦夕聽事之坐。○厎之履反　青蒲也

東序西嚮，敷重豐席，畫純，彫玉仍几。豐莞。彩色爲畫。彫，刻鏤。此養國老饗羣臣之坐。○豐芳弓反　莞音官

西夾南嚮，敷重筍席，玄紛純，漆仍几。西廂夾室之前。筍，蒻竹。玄紛，黑綬。此親屬私宴之坐。故席几質飾。○夾工洽反　筍息允反　紛孚云反　漆音七

越玉五重，陳寶。於東西序坐北，列玉五重，又陳先王所寶之器物。○重直容反

赤刀、大訓、弘璧、琬琰，在西序。寶刀，赤刃削。大訓，虞

書典謨。大璧琬琰之珪爲二重。○琬紆晚反。琰以冉反。削音笑。**大玉夷玉天球河圖在東序**三玉爲三重。夷常也。球雍州所貢。河圖。八卦。伏犧氏王天下。龍馬出河。遂則其文以畫八卦。謂之河圖。及典謨。皆歷代傳寶之。**胤之舞衣。大貝鼖鼓在西房**胤國所爲舞者之衣。皆中法。大貝。如車渠。鼖鼓長八尺。商周傳寶之。西房。西夾坐東。○鼖扶云反。中丁仲反。車尺遮反。**兌之戈和之弓垂之竹矢在東房**兌和古之巧人。垂舜共工。所爲皆中法。故亦傳寶之。東房。東廂夾室。○兌徒外反。**大輅在賓階面。綴輅在阼階面**大輅。玉。綴輅。金。面。前。皆南向。○阼才故反。**先輅在左塾之**

前。次輅在右塾之前先輅。象。次路。木。金玉象皆以飾車。木則無飾。皆在路寢門內。左右塾前北面。凡所陳列。皆象成王生時華國之事。所以重顧命○塾音孰二人雀弁執惠立于畢門之內士衛殯與在廟同故。雀韋弁。惠。三隅矛。路寢門一名畢門○弁皮彥反四人綦弁執戈上刃夾兩階戺綦文鹿子皮。弁亦士。堂廉曰戺。士所立處○綦音其夾工洽反戺音俟一人冕執劉立于東堂一人冕執鉞立于西堂冕皆大夫也。劉。鉞屬。立於東西廂之前堂○鉞音越。大斧也一人冕執戣立于東垂一人冕執瞿立于西垂戣。瞿。皆戟

屬。立于東西下之階上。一人冕執銳。立于側
○戣音逵瞿其俱反
階銳。矛屬也。側階。北下立階上。○銳以稅反王麻冕黼裳由賓階
隮王及羣臣皆吉服。用西階升。不敢當主。○隮子西反卿士邦君麻冕
蟻裳入即位公卿大夫及諸侯。皆同服。亦廟中之禮。蟻裳名。色玄。○蟻魚綺
反太保。太史。太宗。皆麻冕彤裳執事各異裳。彤纁也。太宗。
上宗。即宗伯也。太保承介圭。上宗奉同。瑁。由阼階隮
大圭尺二寸。天子守之。故奉以奠康王所位。同。爵名。瑁。所以冒諸侯。圭以齊瑞信。方四寸。
邪刻之。用阼階升。由便。不嫌。○瑁莫報反太史秉書。由賓階隮。御

王冊命太史持冊書顧命進康王。故同階曰。皇后憑玉几道。揚末命。命汝嗣訓冊命之辭。大君。成王。言憑玉几所道稱揚終命。所以感動康王。命汝繼嗣其道。言任重。因以託戒。○憑皮冰反臨君周邦。率循大卞用是道臨君周國。率羣臣循大法。○卞皮彥反燮和天下。用荅揚文武之光訓言用和道和天下。用對揚聖祖文武之大教。敘成王意王再拜興。荅曰。眇眇予末小子。其能而亂四方。以敬忌天威言微微我淺末小子。其能如父祖治四方。以敬忌天威德乎。謙辭託不能。○眇彌小反乃受同瑁。王三宿。三祭。三咤。

王受瑁爲主。受同以祭。禮成於三。故酌者實三爵於王。王三進爵。三祭酒。三奠爵。告已受羣臣所傳顧命○咤陟嫁反。又音妬**上宗曰饗**祭必受福。讚王曰。饗福酒**太保受同。降**受王所饗同。下堂反於篚。**盥以異同秉璋以酢**太保以盥手洗異同。實酒。秉璋以酢祭。半圭曰璋。臣所奉。王已祭。太保又祭。報祭曰酢。○酢才各反**授宗人同。拜。王荅拜**宗人。小宗伯。佐太宗者。太宗供王。宗人供太保。拜白已傳顧命。故授宗人同。拜。王荅拜。尊所受命。**太保受同。祭嚌**太保既拜而祭。既祭受福。嚌至齒。則王亦至齒。王言饗。太保言嚌。互相備。○嚌才細反**宅授宗人同。拜。王荅拜**太保居其所。授宗人同。拜白成王以事畢。王荅拜。敬所白**太保降收**太保下堂。則王下可知。有司於此盡收徹。○徹丑列反**諸侯出廟門俟**言諸侯。則卿士已下亦可知。殯之所處故曰廟。皆待王後命

康王之誥第二十五

周書　孔氏傳

康王既尸天子尸。主也。主天子之正號**遂誥諸侯。作康王之誥**既受顧命。羣臣陳戒。遂報誥之。因事曰遂**康王之誥**求諸侯之見匡弼**王出在應門之內**出畢門。立應門內之中庭南面**太保**

率西方諸侯。入應門左。畢公率東方諸侯。入應門右。二公爲二伯。各率其所掌諸侯。隨其方爲位。皆北面皆布乘黃朱。諸侯皆陳四黃馬朱鬣以爲庭實。○乘繩證反賓稱奉圭兼幣曰。一二臣衞。敢執壤奠。賓諸侯也。舉奉圭兼幣之辭。言一二。見非一也。爲蕃衞。故曰臣衞。來朝而遇國喪。遂因見新王。敢執壤地所出而奠贄也。○壤如丈反見賢遍反皆再拜稽首。王義嗣德答拜。諸侯拜送幣而首至地。盡禮也。康王以義繼先人明德。答其拜。受其幣太保暨芮伯。咸進相揖。皆再拜稽首。冢宰與司徒皆共羣臣諸侯。竝進陳戒。不言諸侯。以內見外曰。敢敬告天子。皇天改大邦殷之命大天改大國殷之王命。謂誅紂也惟周文武。誕受羑若克恤西土言文武大受天道而順之。能憂我西土之民。本其所起。○羑羊久反。道也惟新陟王。畢協賞罰。戡定厥功。用敷遺後人休惟周家新升王位。當盡和天下賞罰。能定其功。用布遺後人之美。言施及子孫無窮。○戡音堪遺唯季反今王敬之哉敬天道。務崇先人之美張皇六師。無壞我高祖寡命言當張大六師之衆。無壞我高德之祖寡有之教命。○壞音怪王若曰。庶邦侯。甸男。衞順其戒而告之。不言羣臣。以外見內惟予一人釗報誥。報其戒昔君文武丕平富。不務咎。言先君文武道大。政化平美。不務咎惡底至齊信。用昭明于天下。致行至中信之道。用顯明於天下。言聖德洽。○底之履反則亦有熊羆之士。不二心之臣。保乂王家。言文武既聖。則亦有勇猛如熊羆之士。忠一不二心之臣。共安治王家。○熊音雄羆彼皮反用端命于上帝。皇天用訓厥道。付畀四方。君聖臣良。用受端直之命於上天。大天用順其道。付與四方之國。王天下。○畀必利反乃命建侯樹屏。在我後之人。言文武乃施政令。立諸侯。樹以為蕃屏。傳王業在我後之人謂子孫今予一二伯父尚胥暨顧綏爾先公之臣服于先王天子稱同姓諸侯曰伯父言今我一二伯父庶幾相與顧念文武之道安汝先公之臣服於先王而法循之雖爾身在外乃心罔不在王室言雖汝身在外土爲諸侯汝心常當忠篤無不在王室熊羆之士勵朝臣此督諸侯用奉恤厥若無遺鞠子羞當各用心奉憂其所行順道無自荒怠遺我稚子之羞辱稚子康王自謂也鞠居六反羣公既皆聽命相揖趨出已聽誥命趨出罷退諸侯歸國朝臣就次王釋冕反喪服脱去黼冕反服喪服居倚廬

尚書卷第十一

相臺岳氏刻梓荊谿家塾

康王之誥

內閣中書臣費振勳敬書

尚書卷十一考證

周官司徒掌邦教敷五典擾兆民傳使小大協睦。○

殿本協睦上有皆字

附序告周公作亳姑。○案亳姑即前序蒲姑亦即薄姑

古亳薄字通用蒲薄則音之轉也

顧命赤刀傳寶刀赤刃削。○刃諸本並作刀誤

太保受同祭嚌傳太保既拜而祭。○太保　殿本閣本

並作太宗据正義則原本太保爲是

太保降傳太保下堂則王下可知。○則王下可知諸本

並作王亦可知亦通

尚書卷第十二

畢命第二十六

周書　孔氏傳

康王命作冊畢命爲冊書以命畢公分居里。成周郊分別民之居里。異其善惡。成定東周郊境。使有保護作畢命畢命言畢公見命之書

惟十有二年。六月庚午朏。康王即位十二年六月三日庚午。○朏普忽反。徐芳尾反越三日壬申。王朝步自宗周至于豐於朏三日壬申。王朝行自宗周。至于豐。宗周。鎬京。豐。文王所都。○朝陟遙反

以成周之衆。命畢公保釐東郊。用成周之民衆。命畢公使安理治正成周東郊。令得所。○釐力之反王若曰。嗚呼。父師。惟文王武王。敷大德于天下。用克受殷命。王順其事。歎告畢公代周公爲大師。爲東伯。命之代君陳。言文武布大德於天下。故天佑之。用能受殷之王命惟周公左右先王。綏定厥家。言周公助先王安定其家毖殷頑民。遷于洛邑。密邇王室。式化厥訓。愼殷頑民。恐其叛亂。故徙於洛邑。密近王室。用化其教。○毖音祕既歷三紀。世變風移。四方無虞。予一人以寧。言殷民遷周。已經三紀。世

代民易。頑者漸化。四方無可度之事。我天子用安矣。十二年曰紀。父子曰世。○度徒洛反

道有升降。政由俗革。不臧厥臧。民罔攸勸。天道有上下交接之義。政教有用俗改更之理。民之俗善。以善養之。俗有不善。以法御之。若乃不善其善。則民無所勸慕。

惟公懋德。克勤小物。弼亮四世。正色率下。罔不祇師言。言公勉行德。能勤小物。輔佐文武成康四世爲公卿。正色率下。下人無不敬仰師法。○懋音茂

嘉績多于先王。予小子垂拱仰成。公之善功多大先人之美。我小子爲王。垂拱仰公成理。言其上顯父兄。下施子孫。○拱九勇反。仰如字。徐五亮反

王曰。嗚呼。父師。

今予祗命公以周公之事往哉。今我敬命公以周公所爲之事。往爲之哉。言非周公所爲。不敢枉公往治。旌別淑慝。表厥宅里。言當識別頑民之善惡。表異其居里。明其爲善。病其爲惡。立其善風。揚其善聲。癉丁但反。彰善癉惡。樹之風聲。弗率訓典。殊厥井疆。俾克畏慕。其不循教道之常。則殊其井居田界。使能畏爲惡之禍。慕爲善之福。所以沮勸。俾必爾反。申畫郊圻。慎固封守。以康四海。郊圻雖舊所規畫。當重分明之。又當謹慎堅固封疆之守備。以安四海。京畿安則四海安矣。守始救反。政貴有恒。辭尚體要。不惟好異。政以仁義爲常。辭以理實爲要。故貴尚之。若異於先王。君子所不好。○好呼報反**商俗靡靡利口惟賢餘風未殄公其念哉**紂以靡靡利口惟賢覆亡國家。今殷民利口。餘風未絕。公其念絕之**我聞曰世祿之家鮮克由禮以蕩陵德實悖天道**特言我聞自古有之。世有祿位而無禮敎。少不以放蕩陵邈有德者。如此實亂天道。○鮮息淺反悖布內反**敝化奢麗萬世同流**言敝俗相化。車服奢麗。雖相去萬世。若同一流。○敝毗祭反**茲殷庶士席寵惟舊怙侈滅義服美于人**此殷衆士。居寵日久。怙恃奢侈以滅德義。服飾過制。美於其民。言僭上。○怙音戶**驕**

淫矜侉。將由惡終。雖收放心。閑之惟艱。言殷衆士驕恣過制。矜其所能以自侉大。如此不變。將用惡自終。雖今順從周制。心未壓服。以禮閑禦其心惟難。○侉苦瓜反資富能訓。惟以永年。惟德惟義。時乃大訓。不由古訓。于何其訓。以富資而能順義。則惟可以長年命矣。惟有德義。是乃大順。若不用古訓典籍。於何其能順乎王曰。嗚呼。父師。邦之安危。惟茲殷士。不剛不柔。厥德允修。言邦國所以安危。惟在和此殷士而已。治之不剛不柔。寬猛相濟。則其德政信修立惟周公克慎厥始。惟君陳克和厥中。惟公克成厥終周公遷殷頑民以消亂階。能慎其始。君陳弘周公之訓。能和其中。畢公闡二公之烈。能成其終。三后協心。同厎于道。道洽政治。澤潤生民。三君合心爲一。終始相成。同致于道。道至普洽。政化治理。其德澤惠施。乃浸潤生民。言三君之功不可不尚。四夷左衽。罔不咸賴。予小子永膺多福。言東夷。西戎。南蠻。北狄。被髮左衽之人。無不皆恃賴三君之德。我小子亦長受其多福。○衽而甚反公其惟時成周。建無窮之基。亦有無窮之聞。公其惟以是成周之治。爲周家立無窮之基業。於公亦有無窮之名聞於後世。子孫訓其成式。惟乂。言後世子孫順公之成法。惟以治嗚呼。罔曰弗克。惟既厥心人之爲政。無曰不能。惟在盡其心而已罔曰民寡。惟愼厥事無曰人少不足治也。惟在愼其政事。無敢輕之欽若先王成烈。以休于前政敬順文武成業。以美於前人之政。所以勉畢公

君牙第二十七

周書　孔氏傳

穆王命君牙爲周大司徒穆王。康王孫。昭王子作君牙

君牙。臣名君牙命以其名。遂以名篇王若曰。嗚呼。君牙順其事而

歎。稱其名而命之惟乃祖乃父世篤忠貞服勞王家。厥有成績紀于太常言汝父祖世厚忠貞。服事勤勞王家。其有成功見紀録。書於王之太常以表顯之。王之旌旗。畫日月曰太常惟予小子嗣守文武成康遺緒。亦惟先王之臣克左右亂四方惟我小子繼守先王遺業。亦惟父祖之臣。能佐助我治四方。言己無所能心之憂危若蹈虎尾。涉于春冰言祖業之大。己才之弱。故心懷危懼。虎尾畏噬。春冰畏陷。危懼之甚。○蹈徒報反今命爾予翼作股肱心膂今命汝爲我輔翼。股肱心體之臣。言委任。○膂音旅纘乃舊服。

無忝祖考。弘敷五典。式和民則。繼汝先祖故所服忠勤。無辱累祖考之道。大布五常之教。用和民。令有法則。爾身克正。罔敢弗正。民心罔中。惟爾之中。言汝身能正。則下無敢不正。民心無中。從汝取中。必當正身示民以中正。夏暑雨。小民惟曰怨咨。夏月暑雨。天之常道。小人惟曰怨歎咨嗟。言心無中也。冬祁寒。小民亦惟曰怨咨。冬天寒。亦天之常道。民猶怨嗟。厥惟艱哉。思其艱以圖其易。民乃寧。大不可怨。民猶怨嗟。治民其惟難哉。當思慮其難以謀其易。民乃安。○易以豉反嗚呼。丕顯哉。文王謨。歎文王所謀大顯明。丕承哉武王烈言武王業美大可承奉啓佑我後人。咸以正罔缺文武之謀業。大明可承奉。開助我後嗣。皆以正道無邪缺。○缺苦穴反爾惟敬明乃訓。用奉若于先王汝惟當敬明汝五教。用奉順於先王之道對揚文武之光命。追配于前人言當荅揚文武光明之命。君臣各追配於前令名之人王若曰。君牙。乃惟由先正舊典時式。民之治亂在茲汝惟當奉用先正之臣所行故事舊典文籍是法。民之治亂在此而已。用之則民治。廢之則民亂率乃祖考之攸行。昭乃辟之有乂言當循汝父祖之所行。明汝君之有

治功。辟必亦反

冏命第二十八

周書　孔氏傳

穆王命伯冏爲周太僕正伯冏。臣名也。太僕長。太御中大夫。○冏九永反作冏命。冏命以冏見命名篇王若曰。伯冏。惟予弗克于德。嗣先人宅丕后順其事以命伯冏。言我不能於道德。繼先人居大君之位。人輕任重怵惕惟厲。中夜以興。思免厥愆言常悚懼惟危。夜半以起。思所以免其過悔。○怵勅律反惕他歷反昔在文武聰明齊聖小大之臣咸懷忠良聰明視聽遠齊通無滯礙臣雖官有尊卑無不忠良其侍御僕從罔匪正人雖給侍進御僕從官官雖微無不用中正之人○從才用反以旦夕承弼厥辟出入起居罔有不欽小臣皆良僕役皆正以旦夕承輔其君故君出入起居無有不敬發號施令罔有不臧下民祗若萬邦咸休言文武發號施令無有不善下民敬順其命萬國皆美其化惟予一人無良實賴左右前後有位之士匡其不及惟我一人無善實恃左右前後有職位之士匡正其不及言此責羣臣正己繩

慫糾謬格其非心。俾克紹先烈。言侍左右之臣彈正過誤。檢其非妄之心。使能繼先王之功業。○〔繩〕市陵反〔俾〕必爾反今予命汝作大正，正于羣僕侍御之臣。欲其教正羣僕。無敢佞僞懋乃后德，交修不逮。言侍御之臣。無小大親疏。皆當勉汝君為德。更代修進其所不及愼簡乃僚。無以巧言令色便辟側媚。其惟吉士。當謹愼簡選汝僚屬侍臣。無得用巧言無實。令色無質。便辟足恭。側媚諂諛之人。其惟皆吉良正士。○〔便〕婢緜反〔辟〕四亦反〔足〕將住反僕臣正，厥后克正。僕臣諛，厥后自聖。言僕臣皆正。則其君乃能正。僕臣諂諛。則

（其君乃自謂聖）后德惟臣。不德惟臣。（君之有德。惟臣成之。君之無德。惟臣誤之。言君所行善惡。專在左右。）爾無昵于憸人。充耳目之官。迪上以非先王之典。（汝無親近於憸利小子之人。充備侍從在視聽之官。道君上以非先王之法。○昵女乙反。憸息廉反。利口也。）非人其吉。惟貨其吉。（若非人其實吉良。惟以貨財配其吉良。以求入於僕侍之臣、汝當清審。）若時瘝厥官。（若用是行貨之人。則病其官職。○瘝故頑反）惟爾大弗克祗厥辟。惟予汝辜。（用行貨之人。則惟汝大不能敬其君。惟我則亦以此罪汝。言不忠也。）王曰。嗚呼。欽哉。永弼乃后于

彝憲歎而勑之。使敬用所言。當長輔汝君於常法。此穆王庶幾欲蹈行常法

呂刑第二十九

周書　孔氏傳

呂命呂侯見命爲天子司寇穆王訓夏贖刑呂侯以穆王命作書。訓暢夏禹贖刑之法。更從輕以布告天下。(贖)音蜀作呂刑。呂刑後爲甫侯。故或稱甫刑

惟呂命。王享國百年耄荒言呂侯見命爲卿。時穆王以享國百年。耄亂荒忽。穆王即位過四十矣。言百年大期。雖老而能用賢以揚名。(耄)莫報反度作刑以詰四方度時世所宜。訓作贖刑。以治天下四方之

民○度待洛反。馬如字。云法度也。詰起一反。**王曰。若古有訓。蚩尤惟始作亂。延及于平民。**順古有遺訓。言蚩尤造始作亂。惡化相易。延及於平善之人。九黎之君。號曰蚩尤○蚩尺之反。尤有牛反。**罔不寇賊鴟義。姦宄奪攘矯虔。**平民化之。無不相寇賊爲鴟梟之義。以相奪攘矯稱上命。若固有之。亂之甚○鴟尺之反。宄音軌。攘如羊反。矯居表反。虔其然反。**苗民弗用靈制以刑。惟作五虐之刑曰法。**三苗之君習蚩尤之惡。不用善化民。而制以重刑。惟爲五虐之刑。自謂得法。蚩尤。黃帝所滅。三苗。帝堯所誅。言異世而同惡。**殺戮無辜。爰始淫爲劓。刵。椓。黥。**三苗之主。頑凶若民。敢行虐刑以殺戮無罪。於是始大爲截人耳鼻。椓陰。黥面。以加無辜。故曰五虐。○劓魚器反刵如志反椓丁角反黥其京反

越茲麗刑并制罔差有辭

苗民於此施刑。并制無罪。無差有直辭者。言淫濫。○麗力馳反并必政反

民興胥漸泯泯棼棼罔中于信以覆詛盟

三苗之民。瀆於亂政。起相漸化。泯泯爲亂。棼棼同惡。皆無中于信義。以反背詛盟之約。○漸子廉反棼芳云反覆芳服反詛側助反

虐威庶戮方告無辜于上。

上帝監民罔有馨香德刑發聞惟腥

三苗虐政作威。衆被戮者。方方各告無罪於天。天視苗民無有馨香之行。其所以爲德刑。發聞惟乃腥臭

○聞音問皇帝哀矜庶戮之不辜。報虐以威。遏絕苗民。無世在下。皇帝。帝堯也。哀矜衆被戮者之不辜。乃報爲虐者以威誅。遏絕苗民。使無世位在下國也。○遏於葛反乃命重黎。絕地天通。罔有降格。重即羲。黎即和。堯命羲和世掌天地四時之官。使人神不擾。各得其序。是謂絕地天通。言天神無有降地。地祇不至于天。明不相干。○重直龍反黎力兮反羣后之逮在下。明明棐常。鰥寡無蓋。羣后諸侯之逮在下國。皆以明明大道。輔行常法。故使鰥寡得所。無有掩蓋。○棐音匪鰥居頑反皇帝淸問下民。鰥寡有辭于苗。帝堯詳問民患。皆有辭怨於苗民德威惟畏。德明惟明。言堯監苗民之見怨。則又增修其德。行威則民畏服。明賢則德明。人所以無能名焉乃命三后。恤功于民。伯夷降典。折民惟刑。禹平水土。主名山川。稷降播種。農殖嘉穀伯夷下典禮教民而斷以法。禹治洪水。山川無名者主名之。后稷下教民播種。農畝生善穀。所謂堯命三君憂功於民。○折之設反種章用反殖承力反三后成功。惟殷于民各成其功。惟所以殷盛於民。言禮教備衣食足士制百姓于刑之中。以教祗德言伯夷道民典禮。斷之以法。皐陶作士。制百官於刑之中。助成道化。以教民爲敬德。○祗止而反穆穆

呂刑

在上明明在下。灼于四方。罔不惟德之勤堯躬行敬敬在上。三后之徒。秉明德明君道於下。灼然彰著四方。故天下之士。無不惟德之勤故乃明于刑之中。率乂于民棐彝天下皆勤立德。故乃能明於用刑之中正。循道以治於民。輔成常教典獄非訖于威。惟訖于富言堯時主獄。有威有德有恕。非絶於威。惟絶於富。世治貨賂不行敬忌罔有擇言在身堯時典獄。皆能敬其職。忌其過。故無有可擇之言在其身惟克天德。自作元命。配享在下凡明於刑之中。無擇言在身。必是惟能天德。自爲大命。配享天意在於天下王曰。嗟四方司政典獄。非爾惟作天牧主政典獄。謂諸侯也。非汝惟爲天牧民乎。言任重是汝今爾何監。非時伯夷播刑之迪言當視是伯夷布刑之道而法之其今爾何懲。惟時苗民。匪察于獄之麗其今汝何懲戒乎。所懲戒惟是苗民。非察於獄之施刑，以取滅亡。(麗)力馳反罔擇吉人。觀于五刑之中。惟時庶威奪貨言苗民無肯選擇善人。使觀視五刑之中正。惟是衆爲威虐者任之。以奪取人貨。所以爲亂斷制五刑。以亂無辜。上帝不蠲。降咎于苗苗民任奪貨姦人。斷制五刑。以亂加無罪。天不絜其所爲。故下咎罪。謂誅之。(蠲)吉緣反(咎)其

九反

苗民無辭于罰，乃絕厥世。言罪重無以辭於天罰，故堯絕其世。申言之爲至戒。王曰：嗚呼！念之哉！念以伯夷爲法，苗民爲戒。伯父、伯兄、仲叔、季弟、幼子、童孫，皆聽朕言，庶有格命。皆王同姓。有父兄弟子孫列者，伯仲叔季順少長也。舉同姓包異姓，言不殊也。聽從我言，庶幾有至命。今爾罔不由慰日勤，爾罔或戒不勤。今汝無不用安自居，日當勤之。汝無有徒念戒而不勤。天齊于民，俾我一日，非終惟終在人。天整齊於下民，使我爲之，一日所行。非爲天所終，惟爲天所終，在人所行。爾尚敬逆天命，以奉我一人雖畏勿畏雖休勿休汝當庶幾敬逆天命以奉我一人之戒行事雖見畏勿自謂可敬畏雖見美勿自謂有德美惟敬五刑以成三德一人有慶兆民賴之其寧惟永先戒以勞謙之德次敎以惟敬五刑所以成剛柔正直之三德也天子有善則兆民賴之其乃安寧長久之道

王曰吁來有邦有土告爾祥刑吁歎也有國土諸侯告汝以善用刑之道在今爾安百姓何擇非人何敬非刑何度非及在今爾安百姓兆民之道當何所擇非惟吉人乎當何所敬非惟五刑乎當何所度非惟及世輕重所宜乎○度待洛反兩造具備師聽五

辭兩。謂囚證。造至也。兩至具備。則衆獄官共聽其入五刑之辭。○造七報反。注同五
辭簡孚。正于五刑五辭簡核。信有罪驗。則正之於五刑五刑不
簡。正于五罰不簡核。謂不應五刑。當正五罰。出金贖罪五罰不服。
正于五過不服。不應罰也。正於五過。從赦免五過之疵。惟官
惟反。惟內。惟貨。惟來五過之所病。或嘗同官位。或詐反囚辭。或內親其罪惟鈞。其審
用事。或行貨枉法。或舊相往來。皆病所在。○疵才斯反
克之以病所在。出入人罪使在五過。罪與犯法者同。其當清察能使之不行五
刑之疑有赦。五罰之疑有赦。其審克之刑疑赦從

罰。罰疑赦從免。其當清察。能得其理。簡孚有衆。惟貌有稽。簡核誠信。有合衆心。惟察其貌有所考合。重刑之至。無簡不聽。具嚴天威。無簡核誠信。不聽理其獄。皆當嚴敬天威。無輕用刑。墨辟疑赦。其罰百鍰。閱實其罪。刻其顙而涅之曰墨刑。疑則赦從罰。六兩曰鍰。鍰。黃鐵也。閱實其罪。使與罰名相當。○辟婢亦反。鍰戶關反。閱音悅。劓辟疑赦。其罰惟倍。閱實其罪。截鼻曰劓刑。倍百爲二百鍰。剕辟疑赦。其罰倍差。閱實其罪。刖足曰剕。倍差。謂倍之又半。爲五百鍰。○剕扶謂反。差測加反。宮辟疑赦。其罰六百鍰。閱實其罪。宮。淫刑也。男子割勢。

婦人幽閉。次死之刑。序五刑。先輕轉至重者。事之宜大辟疑赦。其罰千鍰。閱實其罪死刑也。五刑疑。各入罰。不降相因。古之制也墨罰之屬千。劓罰之屬千。剕罰之屬五百。宮罰之屬三百。大辟之罰其屬二百。五刑之屬三千別言罰屬。合言刑屬。明刑罰同屬。互見其義以相備上下比罪。無僭亂辭。勿用不行上下比方其罪。無聽僭亂之辭以自疑。勿用折獄。不可行。○僭。子念反惟察惟法。其審克之惟當清察罪人之辭。附以法理。其當詳審能之上刑適輕。下服重刑有可以虧減。則之輕服下罪下刑適重上服。輕重諸罰有權一人有二罪。則之重而輕幷數。輕重諸刑罰。各有權宜刑罰世輕世重。惟齊非齊。有倫有要言刑罰隨世輕重也。刑新國用輕典。刑亂國用重典。刑平國用中典。凡刑所以齊非齊。各有倫理。有要義。罰懲非死。人極于病刑罰所以懲過。非殺人。欲使惡人極於病苦。莫敢犯者。非佞折獄。惟良折獄。罔非在中非口才可以斷獄。惟平良可以斷獄。無不在中正察辭于差。非從惟從察因辭。其難在於差錯。非從其偽辭。惟從其本情哀敬折獄。明啓刑書胥占。咸庶中正當憐下人之犯法。敬斷獄之害人。明開刑書。相

（與占之。使刑當其罪。皆庶幾必得中正之道）其刑其罰。其審克之（其所刑。其所罰。其當詳審能之。無失中正）獄成而孚。輸而孚（斷獄成辭而信。當輸汝信於王。謂上其鞫劾文辭）其刑上備。有并兩刑（其斷刑文書上王府。皆當備具。有并兩刑。亦具上之）王曰。嗚呼。敬之哉。官伯族姓。朕言多懼（敬之哉。告使敬刑。官長。諸侯。族同族。姓異姓也。我言多可戒懼。以儆之）朕敬于刑。有德惟刑（我敬於刑。當使有德者惟典刑）今天相民。作配在下。明清于單辭（今天治民。人君爲配天在下。當承天意。聽訟當清審單辭。單辭特難聽。故言之。○相如字。馬息亮反。助也）

民之亂。罔不中聽獄之兩辭。民之所以治。由典獄之無不以中正聽獄之兩辭。兩辭弃虛從實。刑獄清則民治無或私家于獄之兩辭。典獄無敢有受貨聽詐成私家於獄獄之兩辭獄貨非寶。惟府辜功。報以庶尤。受獄貨。非家寶也。惟聚罪之事。其報則以衆人見罪永畏惟罰。非天不中。惟人在命。當長畏懼惟爲天所罰。非天道不中。惟人在教命使不中。不中則天罰之天罰不極。庶民罔有令政在于天下。天道罰不中。令衆民無有善政在於天下。由人主不中。將亦罰之。王曰。嗚呼。嗣孫。今往何監。非德于民之中。

尚明聽之哉嗣孫。諸侯嗣世子孫非一世。自今已往當何監視。非當立德於民爲之中正乎。庶幾明聽我言而行之哉哲人惟刑。無疆之辭。屬于五極。咸中有慶言智人惟用刑。乃有無窮之善辭。名聞於後世。以其折獄屬五常之中正。皆中有善。所以然也。○屬音燭受王嘉師。監于茲祥刑有邦有土。受王之善衆而治之者。視於此善刑。欲其勤而法之。爲無疆之辭

尚書卷第十二

相臺岳氏刻梓荊谿家塾

呂刑

進士臣羅錦森敬書

尚書卷十二考證

畢命序康王命作册畢○案史記周本紀册作策畢字下有公字

用克受殷命傳用能受殷之王命○殿本閣本王字在之字上

毖殷頑民傳愼殷頑民○案愼字正釋毖字義孔疏云愼彼殷之頑民諸本作惟字非

君牙○案禮記緇衣引此篇暑雨祁寒之文作君雅鄭康成注雅書序作牙假借字也監本閣本並作君惟悮甚

亦惟先王之臣。先王蔡沈集傳與此同　殿本作先正

啓佑我後人傳文武之謀業。此綜上文謨武烈而言汲古閣本作文王之謀業武字悞王非

呂刑皇帝哀矜庶戮之不辜傳皇帝帝堯也。案陸德明音義云經文皇帝應作君帝故　殿本閣本並改傳中皇字作君

伯夷降典折民惟刑。案漢書刑法志折民作悊民

師聽五辭傳衆獄官其聽其入五刑之辭。案其聽文義應作共聽左傳云共聽兩君之所欲成是也今依

殿本改正

哀敬折獄○案王應麟曰大傳作哀矜哲獄漢書于定國傳作哀鰥哲獄

獄成而孚輸而孚傳謂上其鞫劾文辭○鞫　殿本諸本並作鞫案說文窮理罪人曰鞫然則中應從言爲是今据改

尚書卷第十三

文侯之命第三十

周書　孔氏傳

平王錫晉文侯秬鬯圭瓚。以圭爲杓柄。謂之圭瓚。○秬音巨。鬯勑亮反。瓚才但反。作文侯之命。所以名篇。幽王爲犬戎所殺。平王立而東遷洛邑。晉文侯迎送安定之。故錫命焉。

文侯之命。平王命爲侯伯。

王若曰。父義和。順其功而命之。文侯同姓。故稱曰父。義和。字也。稱父者非一人。故以字別之。丕顯文武。克慎明德。大明乎文王武王之道。能詳慎顯用有德。昭升于上。敷聞在下。惟時上帝。集厥命于文王。更述文王所以王也。言文王聖德明升于天。而布聞在下民。惟以是故上天集成其王命。德流子孫。【聞】音問亦惟先正克左右昭事厥辟言君既聖明。亦惟先正官賢臣。能左右明事其君。所以然。【辟】必亦反越小大謀猷罔不率從。肆先祖懷在位文王君聖臣良。於小大所謀道德。天下無不循從其化。故我後世先祖歸在上位。嗚呼。閔予小子嗣造天丕愆。歎而自痛傷也。言我小子而遭天大罪過。父死國敗。祖業隤隕。○【愆】去虔反【隤】杜回反殄資澤于下民。侵戎我國家純

文侯之命

言周邦喪亂。絕其資用惠澤於下民。侵兵傷我國。及卿大夫之家。禍甚大。○殄徒典反

即我御事罔或耆壽俊在厥服。予則罔克所以遇禍。即我治事之臣。無有耆宿壽考俊德在其服位。我則材劣無能之致

曰惟祖惟父其伊恤朕躬。嗚呼。有績予一人永綏在位王曰。同姓諸侯。在我惟祖惟父列者。其惟當憂念我身。嗚呼。能有成功。則我一人長安在王位。言恃諸侯

父義和。汝克昭乃顯祖重稱字。親之。不稱名。尊之。言汝能明汝顯祖唐叔之道。奬之

汝肇刑文武。用會紹乃辟。追孝于前文人言汝今始法文武之道矣。當用是道合會繼汝君以

善。使追孝於前文德之人。汝君。平王自謂也。繼先祖之志爲孝。○辟扶亦反汝多修扞我于艱若汝予嘉戰功曰多。言汝之功多甚修矣。乃扞我於艱難。謂救周誅犬戎。汝功我所善。○扞下旦反王曰。父義和其歸視爾師寧爾邦遣令還晉國。其歸視汝衆。安汝國內上下用賚爾秬鬯一卣黑黍曰秬。釀以鬯草。不言圭瓚可知。卣中罇也。當以錫命告其始祖。故賜鬯。○賚力代反彤弓一彤矢百盧弓一盧矢百彤赤。盧黑也。諸侯有大功。賜弓矢。然後專征伐。彤弓以講德習射。藏示子孫。○彤徒冬反馬四匹馬供武用。四匹曰乘。侯伯之賜無常。以功大小爲度父往哉柔遠能邇。惠康小民。無荒寧父往歸國哉。懷柔遠人必以文德。能柔遠者必能柔近。然後國安。安小人之道必以順。無荒廢人事而自安簡恤爾都。用成爾顯德當簡核汝所任。憂治汝都鄙之人。人和政治。則汝顯用有德之功成矣。不言鄙。由近以及遠

費誓第三十一

周書　孔氏傳

魯侯伯禽宅曲阜始封之國居曲阜。○伯禽魯侯名徐夷竝興。東郊不開徐戎。淮夷。竝起爲寇於魯。故東郊不開作費誓魯侯

征之。於費地而誓衆也。諸侯之事而連帝王，孔子序書。以魯有治戎征討之備，秦有悔過自誓之戒。足爲世法。故録以備王事。猶詩録商魯之頌。○費音祕

費誓 費，魯東郊之地名。

公曰嗟人無譁聽命 伯禽爲方伯，監七百里內之諸侯。帥之以征。歎而勑之使無諠譁。欲其靜聽誓命。○譁戶瓜反　監工銜反

徂茲淮夷徐戎並興 今往征此淮浦之夷，徐州之戎，並起爲寇。此戎夷帝王所羈縻統敘。故錯居九州之內，秦始皇逐出之。

善敹乃甲胄，敿乃干，無敢不弔 言當善簡汝甲鎧胄兜鍪。施汝楯紛。無敢不令至攻堅使可用。○敹了彫反　敿居表反　弔音的　鎧苦代反

備乃弓矢，鍛乃戈矛，礪乃鋒刃。

無敢不善。備汝弓矢。弓調矢利。鍛鍊戈矛。磨礪鋒刃。皆使無敢不功善。○鍛丁亂反。礪力世反。今惟淫舍牿牛馬。今軍人惟大放舍牿牢之牛馬。言軍所在必放牧也。○牿工毒反。杜乃擭。斂乃穽。無敢傷牿。牿之傷。汝則有常刑。擭捕獸機檻。當杜塞之。穽穿地陷獸。當以土窒斂之。無敢令傷所放牿牢之牛馬。牛馬之傷。汝則有殘人畜之常刑。○擭華化反。斂乃協反。又乃結反。穽在性反。馬牛其風。臣妾逋逃。勿敢越逐。馬牛其有風佚。臣妾逋亡。勿敢棄越壘伍而求逐之。役人賤者。男曰臣。女曰妾。○逋布吳反。祗復之。我商賚汝。衆人其有得佚馬牛。逃臣妾。皆敬還復之。我則商度

（汝功賜與汝○賚力代反）乃越逐不復。汝則有常刑。（越逐爲失伍。不還爲攘盜。汝則有此常刑）無敢寇攘。踰垣牆（軍人無敢暴劫人。踰越人垣墻。物有自來者無敢取之。○攘如羊反垣音袁）竊馬牛。誘臣妾。汝則有常刑。（軍人盜竊馬牛。誘偷奴婢。汝則有犯軍令之常刑）甲戌。我惟征徐戎。（誓後甲戌之日。我惟征之）峙乃糗糧。無敢不逮。汝則有大刑。（皆當儲峙汝糗糒之糧使足食。無敢不相逮及。汝則有乏軍興之死刑。○峙直理反糗去九反。又昌紹反糧音良糒音備）魯人三郊三遂。峙乃楨榦。甲戌。我惟築（總諸國之兵。而但稱魯人峙具楨榦。）

費誓

道近也。題曰楨。旁曰榦。言三郊三遂。明東郊距守不峙。甲戌日當築攻敵壘距堙之屬。○楨音貞榦工翰反

無敢不供。汝則有無餘刑。非殺

峙具楨榦。無敢不供。不供。汝則有無餘之刑。刑者非一也。然亦非殺汝

魯人三郊三遂。峙乃芻茭。無敢不多。汝則有大刑

郊遂多積芻茭。供軍牛馬。不多。汝則亦有乏軍興之大刑。○芻初俱反茭音交

秦誓第三十二

周書　孔氏傳

秦穆公伐鄭

遣三帥帥師往伐之

晉襄公帥師敗諸崤

崤。晉要塞也。以其不假道。伐而敗之。因其三帥。○崤戶交反塞悉代反還歸作秦誓晉舍三帥還歸秦。秦穆公悔過作誓秦誓貪鄭取敗。悔而自誓公曰。嗟我士聽無譁誓其羣臣。通稱士也予誓告汝羣言之首衆言之本要古人有言曰。民訖自若是多盤言民之行已盡用順道。是多樂。稱古人言。悔前不順忠臣責人斯無難。惟受責俾如流。是惟艱哉人之有非。以義責之。此無難也。若已有非。惟受人責即改之。如水流下。是惟難哉。○俾必爾反我心之憂。日月逾邁若弗云來言我心之憂。欲改過自新。如日月並行過。如不復云來。雖欲改悔。恐死及之。無所益。惟古之謀人，則曰未就予忌。惟爲我執古義之謀人，謂忠賢蹇叔等也。則曰未成我所欲，反忌之耳。○爲，于僞反。惟今之謀人，姑將以爲親。惟指今事爲我所謀之人。我且將以爲親而用之。悔前違古從今，以取破敗。雖則云然，尚猷詢茲黃髮，則罔所愆。言前雖則有云然之過，今我庶幾以道謀此黃髮賢老，則行事無所過矣。番番良士，旅力既愆，我尚有之。勇武番番之良士，雖衆力已過老，我今庶幾欲有此人而用之。○番音波。仡仡勇夫，射御不違，我尚不欲。仡仡壯勇之夫，雖射御不違，我庶幾不欲用。自悔之至。○仡，許訖反，又魚乞反。

惟截截善諞言，俾君子易辭，我皇多有之。昧昧我思之，惟察察便巧善爲辯佞之言，使君子回心易辭，我前多有之，以我昧昧思之不明故也。○截，才節反。諞，音辯，又敷連反。易，羊石反。如有一介臣，斷斷猗無他技，其心休休焉，其如有容。如有束脩一介臣，斷斷猗然專一之臣，雖無他技藝，其心休休焉樂善，其如是，則能有所容，言將任之。○斷，丁亂反。猗，於綺反，又於宜反。技，其綺反。人之有技，若己有之；人之彥聖，其心好之，不啻如自其口出，是能容之。人之有技，若己有之，樂善之至也。人之美聖，其心好之，不啻如自其口出，心好之至也。是人必能容之。○好呼報反。啻失豉反。以保我子孫黎民，亦職有利哉。用此好技聖之人，安我子孫衆人，亦主有利哉。言能興國。人之有技，冒疾以惡之；人之彥聖，而違之俾不達。見人之有技藝，蔽冒疾害以惡之。人之美聖，而違背壅塞之，使不得上通。○冒莫報反。惡烏路反。是不能容，以不能保我子孫黎民，亦曰殆哉。冒疾之人，是不能容人，用之不能安我子孫衆人，亦曰危殆哉。○殆唐在反。邦之杌隉，曰由一人。杌隉，不安，言危也。一人所任用，國之傾危，曰由所任不用賢。○杌五骨反。隉五結反。邦之榮懷，亦尚一人之慶。

國之光榮。爲民所歸。亦庶幾其所任用賢之善也。穆公陳戒。背賢則危。用賢則榮。自誓改前過之意

尚書卷第十三

秦誓

進士臣王鵬敬書

尚書卷十三考證

文侯之命汝克昭乃顯祖○昭蔡沈集傳本與此同

殿本閣本並作紹

敷聞于下傳布聞在下民○民汲古閣本作居誤

費誓善敹乃甲冑○敹諸本作穀案字書應從敹

魯人三郊三遂傳撼諸國之兵○諸國　殿本閣本並

作諸侯

圖書在版編目(CIP)數據

尚書/(漢)孔安國傳;(唐)陸德明音義.—上海:上海古籍出版社,2022.9(2023.7重印)
(武英殿仿相臺岳氏本五經)
ISBN 978-7-5732-0310-6

Ⅰ.①尚… Ⅱ.①孔… ②陸… Ⅲ.①《尚書》-注釋 Ⅳ.①K221.04

中國版本圖書館CIP數據核字(2022)第107538號

武英殿仿相臺岳氏本五經
尚書
[漢]孔安國 傳
[唐]陸德明 音義
上海古籍出版社出版發行
(上海市閔行區號景路159弄1-5號A座5F 郵政編碼201101)
(1)網址:www.guji.com.cn
(2)E-mail:guji1@guji.com.cn
(3)易文網網址:www.ewen.co
常州市金壇古籍印刷廠有限公司印刷
開本890×1240 1/32 印張15.625 插頁5
2022年9月第1版 2023年7月第2次印刷
ISBN 978-7-5732-0310-6
B·1259 定價:108.00元
如有質量問題,請與承印公司聯繫